中国媒体发展研究报告

Research Report of China's Media Development

总第 18 辑

单　波 / 主编　甘丽华　吴世文 / 执行主编

社会科学文献出版社
SOCIAL SCIENCES ACADEMIC PRESS (CHINA)

目　录

主编手记 ································· 单　波　甘丽华　吴世文 / 001

媒体融合

在融媒体时代创新时政新闻报道

　　——中央广播电视总台原创特稿品牌《时政新闻眼》的实践与探索

　　·· 龚雪辉 / 001

省级媒体融合转型现状分析：以湖北为例

　　······························· 肖　珺　胡文韬　韦小婉 / 027

"轻资产、重功能"：中西部县级融媒体中心建设模式探索

　　——以湖北省赤壁市融媒体中心建设为例 ·············· 张雪霖 / 044

媒体与社会

微信朋友圈"三天可见"功能用户使用报告：社交媒体消极使用的

　　应对与效果 ····························· 周丽玲　代义佳 / 057

新媒体逻辑下的腾讯"谷雨"　非虚构内容生产与传播

　　··············· 王　波　王世宇　宋晓晓　李　佳　刘心雨 / 077

全媒体时代主流媒体履行社会责任的传播创新机制

　　······························· 李　理　陈香颖　张华琳 / 099

新媒体传播

市场化纸媒向新内容转型的尝试与思考 …………… 刘春燕　王　毅／129

短视频下半场：机遇与挑战 ……………………… 崔永鹏　朱　杰／144

文化传播

英美主流媒体涉鄂报道的内容分析 …………… 徐同谦　杨张若然／159

从世界书局到《中美日报》：朱生豪的交往生活对其职业认同的影响

……………………………………………………………… 欧阳敏／184

Contents ……………………………………………………………… ／198

主编手记

单 波　甘丽华　吴世文

在传统媒体与新媒体的融合发展中，这个时代正在产生海量的信息与人们对新信息的需求。变化与时间同在，人们对新信息的需求是变化的注脚，也是对时代的一种反应。在此意义上，媒体的改革实践具有深远的历史意味。当我们站在 2019 年回望 2018 年中国媒体发展的"现时态"与"未来式"时，作为"截面"的特定年份似乎并不具有特定的意义。但是，媒体作为社会记忆与历史书写的机制，它们本身记录、承载、转换与激发变化，是瞭望现代社会变迁与人类历史进程的重要"窗口"。因此，研讨中国媒体之发展情状是我们认知与把握中国社会转型发展的必要努力。于是，第十八辑《中国媒体发展研究报告》（总第 18 辑）如期与各位见面了。

中央广播电视总台在传统电视报道之外开辟新媒体战场。诞生一年余的《时政新闻眼》秉承"为受众看懂中国政治、让年轻人喜欢政治生活"的宗旨，跟随报道中国国家领导人的活动和思想理念，以图文和短视频为主要形态，以互联网为主要传播平台，是一扇了解当代中国国家领导人治国理政实践的独特窗口，也是融媒体时代中国时政新闻报道创新探索的难得样本。其可贵之处不仅在于贴身报道中国国家领导人的"高度"，更在于"见人、见事、见情怀"及"充分彰显对人的尊重和关注"的"温度"。

腾讯新闻谷雨工作室的非虚构作品生产及传播实践创新则可以用"拓展"二字概括。一是主题的拓展。突破中国非虚构作品陷于亚文化单一题材的局限，"尽力放弃对底层叙事的依赖"，超越当下流行的通过"卖惨"实现流量变现的原始追求，实现选题范围"与社会同构"。二是功能的拓展。从重在追问事件的真相和原因、"金刚怒目"的传统调查性报道向"进退有度""温而厉"的"新非虚构"转变，在事实、逻辑和情感的基础上，寻求共情与理解，尝试为侵害者与被侵害者、标签者与被标签者、二次元与三次元等各方搭建对话桥梁。三是疆域的拓展。谷雨工作室旗下的《谷雨影像》团队已经成为全球多个重要纪录片电影节的首个中国决策机构，助推中国非虚构作品走向国际竞争平台和对话空间。

《省级媒体融合转型现状分析：以湖北为例》和《"轻资产、重功能"：中西部县级融媒体中心建设模式探索——以湖北省赤壁市融媒体中心建设为例》两篇文章深入我国媒体融合实践的"毛细血管"，通过深度访谈和参与式观察浸入"田野"，发现媒体融合现实的"路"与"痛"。湖北日报传媒集团通过建立融媒体中心，形成内部小型全媒体形态；"长江云"结合新闻、政务和服务，创新"直播＋商务"模式，以提升自我造血能力；赤壁市舍"大屏幕、大平面、大机构、大技术"常规路径，结合县级融媒体中心的目标——"引导群众、服务群众"，探索了一条"轻资产、重功能"的"节省路径"，用较少的资金，实现了技术搭建、流程再造、模式改革、功能激活，最终走向"实质融合"。但同时，它们仍面临着资金、技术、人才的争夺，体制机制上的过多束缚，传播效果与市场规模的不匹配，自我造血能力明显不足等发展瓶颈。媒体融合之路仍有待进一步探索。

过载的信息和过多的社交，使得分享的快乐体验开始向过度曝光的烦恼转变。越来越多的社交媒体用户由主动分享、转发逐渐转向被动浏览、只看不发、强制沟通、转移平台等消极使用。"三天可见"是微信平台方为了避免用户流失、鼓励用户继续发朋友圈而开发的新功能，目的是维系和挽留朋友圈用户。基于对27位微信朋友圈用户的深度访谈作者发现，"三天可见"可以阻止不当窥探，保护隐私，让个人在印象管理方面更有社交主动权，以及将数字记忆从共享收归私有，但同时这一功能也可能引发"边界纠纷""边界焦虑"乃至"情感隔离"。

《全媒体时代主流媒体履行社会责任的传播创新机制》分析了11家中央新闻媒体和全国性行业类媒体的42份《媒体社会责任报告》，指出一半以上的报告以"舆论引导"为侧重点；在"提供服务"方面超过95％的报告重点叙述信息咨询服务，以"舆论监督"为重点的报告则不到 5%；在遵守职业规范方面，八成报告强调"遵守市场经济法则及新闻职业道德"，不到两成表明"接受社会监督"。该文进而提出媒体意识到了"做好自己的事"的社会责任，但在协调媒体社会责任和中国社会责任之间还有努力的空间。

从"为什么要向新媒体转型""转型后内容格局发生了哪些变化"，到"什么样的内容是市场需要的好内容""商业模式有哪些改变"，《市场化纸媒向新内容转型的尝试与思考》提出了一系列重要问题，结合作者在多家媒体的从业经验，试图回答包括杂志在内的纸媒向新媒体的转型之道。杂志的新内容转型，应该在坚持精品的前提下，探索新渠道、新表达方式、新商业模式。目前博雅天下传媒旗下的《人物》《每日人物》《市界》《AI财经》等从杂志出发创立的新媒体，营收已经远超原有的杂志，成为核心竞争力。但作者也发出了"提醒"：缺失了价值观的"爆款"，是没有灵魂的。生产一篇"爆款"文章不难，但必须在价值观的基准线之上。这是传统媒体向新媒体转型所需要的担当。

《短视频下半场：机遇与挑战》一文提出短视频发展进入"下半场"，呈现创作主体多元化、内容分发平台化、内容生产优质化、资本投资理性化以及严监管常态化等特征。其发展机遇包括用户规模大，技术创新扮演重要角色，在新闻资讯领域发挥重要作用，微综艺、微剧成为新赛道，主流媒体、主流舆论的影响力不断扩大。同时短视频"下半场"发展也将面临优质内容生产、版权保护、监管、盈利模式等方面的诸多挑战。

《英美主流媒体涉鄂报道的内容分析》研究的是跨文化背景下区域形象的媒介呈现。通过对近五年四家英美主流媒体"涉鄂报道"的内容分析和文本分析，该研究发现这些报道主要集中在社会、文化、经济等议题，态度以中立为主，信源以中国媒体、亲历者和中国政府为主。英美主流媒体报道中的湖北形象呈现的是一种"他塑形象"，并不能反映全貌和真实。区域对外传播应官方传播与民间传播并重，传统渠道与新媒体并重，理性看待和科学处理负面信息。

《从世界书局到〈中美日报〉：朱生豪的交往生活对其职业认同的影响》钩沉了"非典型新闻出版从业人员"朱生豪与陆高谊、詹文浒等少数几位新闻出版界人士的交往，从赞助人视角研究朱生豪的职业认同变迁：由对图书编辑工作（编校型）的厌倦到认同图书编辑工作（创作型），再至将新闻编辑工作作为抗日宣传的阵地。世界书局曾经是朱生豪表达建构自身意义的压抑性场域，在朱生豪与世界书局签订了翻译莎士比亚著作合同后，世界书局则从压抑性场域转为生产性场域；而《中美日报》则一直是朱生豪建构自身意义的生产性场域。

从历史角度观之，2018 年不过是"时间年轮"之节点；从现实角度视之，中国媒体转型发展不过是"流动的变化"之截面。本书文章的研究有其创新之处，亦有其特定的局限。但是，它们都是观察、记录、思考与促动中国媒体发展的积极尝试。我们相信，这些灵动的思考不仅有助于我们理解中国媒体发展的现状及可能存在的问题，而且有助于我们了解中国的多种复杂面向，以及中国社会与媒介互动的节律，从而推动我们拷问中国媒体的传播实践，探索优化实践的路径，并积极思考建构与传播实践变化相适应的理论体系。这是本书的"眺望"，也是新闻传播研究共同体的所向。

媒 体 融 合

在融媒体时代创新时政新闻报道

——中央广播电视总台原创特稿品牌
《时政新闻眼》的实践与探索

龚雪辉*

摘　要：进入融媒体时代，在互联网上以何种形态和视角传播中国最高领导人的思想理念和活动，始终令世人瞩目。中央广播电视总台自 2018 年 7 月以来推出原创特稿品牌专栏节目《时政新闻眼》，打开了一扇独特窗口。而其创办以来的 105 篇作品，也成为研究中国时政新闻报道创新的可贵样本。本文试从《时政新闻眼》的创立环境和发展历程，阐述这一创新产品的来龙去脉；依托 105 篇作品"解剖麻雀"，分析其内容、形式和突出特点，并梳理其创新点，以期为时政报道和政治传播创新提供镜鉴和启示。

* 龚雪辉，中央广播电视总台新闻中心时政新闻部策划组组长、主任编辑。传播学硕士，研究方向：政治传播、新媒体传播。

关键词： 中央广播电视总台 时政新闻报道 融合传播 创新 新媒体品牌

2018 年 7 月，作为新时代积极推进媒体融合发展的产物，中央广播电视总台推出原创时政报道产品《时政新闻眼》。这是一个以跟随报道中国最高领导人活动和思想为主要功能定位、以图文和短视频为主要形态、以互联网为主要传播平台的融媒体报道品牌。截至 2019 年 10 月初，《时政新闻眼》共推出 105 篇报道，成长为中国时政报道尤其是对领导人活动报道的新锐品牌。《时政新闻眼》不仅为了解当代中国领导人的治国理政实践打开了一扇独特的窗口，也为了解融媒体时代中国时政新闻报道的创新探索提供了一个难得的样本。

本文试以《时政新闻眼》一年多的探索和 105 篇报道为研究对象，略做分析和探讨。

一 《时政新闻眼》 的创立环境

时政新闻以党和国家领导人重要活动作为主要报道对象，在新闻报道领域具有一定的特殊属性。中央广播电视总台时政新闻团队（以中央广播电视总台新闻中心时政新闻部为主体，以下简称"总台时政"）主动顺应全媒体转型的时代趋势，凭借敢做善为的能力建设，成为全媒体转型的"排头兵"。《时政新闻眼》就是伴随总台时政的全媒体转型而创立的。了解总台时政全媒体转型的历程、理念和产品矩阵，有助于更好地理解《时政新闻眼》的诞生。

（一）总台时政的全媒体转型历程

党的十八大以来，总台时政的全媒体转型主要分为起步、局部转型和全面转型三个阶段。

1. 起步阶段（2012 年底至 2016 年）。2012 年底，在习近平总书记赴河北阜平考察时，总台时政首次尝试利用新媒体平台（也称"小屏"）第一时间播发时政图文快讯。以此为发端，总台时政在传统电视报道（也称"大屏"）之外开辟了新媒体战场。

2. 局部转型阶段（2016～2017 年）。2016 年总台时政成立专门的微视频创作工作室，将时政图文快讯升级为视频快讯，逐步推出以独家现场和精彩同期为主要内容的《独家 V 观》。以此为发端，总台时政初步创立了自己的新媒体报道品牌。

3. 全面转型阶段（2018 年至今）。以 2018 年 2 月习近平总书记赴四川考察为起点，总台时政在理念创新、体制创新的基础上，扬长补短，守正创新，推进全员转型，完善全媒体架构，丰富全媒体产品，逐步打造"2＋5"的领导人报道全媒体矩阵，在中央主流媒体中成为理念最优、品类最全、势头最好、影响最大的时政全媒体报道团队。

（二）总台时政的全媒体转型理念

总台时政的全媒体转型和《时政新闻眼》的创立，都是理念创新的产物。

2018 年 3 月，随着党和国家机构改革的推进，中央广播电视总台在原央视、央广、国广的基础上正式组建。中宣部副部长、中央广播电视总台台长慎海雄把时政报道和融合发展摆在总台发展"重中之重"的位置。在强化时政报道方面，总台提出"领袖的高度就是宣传报道追求的高度"，要求重大时政报道在抢时效、出精品、挖深度、接地气上下功夫，做到大气、稳当、精准，进一步擦亮时政新闻品牌；在融合发展方面，总台提出"台网并重、先网后台、移动优先"，坚持深度融合、一体发展，推动机构改革真正产生"化学反应"，产生"1＋1＋1＞3"的"倍增效应"。总台时政在此基础上形成了全媒体转型的鲜明指导理念。

1. 探索"全平台、全样态、全手段、全媒体"的新模式。统筹考虑大小屏传播，改变以往以"大屏传播"取胜的思路，将"小屏传播"置于优先项，在团队配置、人力投入、报道策划、设备准备、服务保障等各方面科学布局。总台时政推动全员转型，重大报道项目组建"报道综合体"，并摸索相应工作模式，打破传统电视编辑、新媒体编辑、摄像记者、策划、播音员、相关技术人员等狭义的岗位定位，全体参与人员"一专多岗"，调动每一个个体的最大积极性，手机、DV、相机、专业摄像机得到充分利用，图片、视频、文字记录源即时更新，实时捕捉、完整记录重要活动中的讲话谈话、互动交流、动人场景、精彩细节等，为全媒体、多平台产品线提供源源不断的多种类素材。单一产品线纵向连接，各条产品线相互贯通，强化每个工种、每位人员的协同作战意识，建立"人人都是新媒体记者编辑"的共识，核心现场人人成为素材提供者。在"全平台、全样态、全手段、全媒体"理念指导下，总台时政从以往单纯的电视新闻发稿部门转型为全媒体产品丰富、全媒体思维活跃、全平台传播旺盛的全媒体生产单位，成为中央主流媒体打造"全程媒体、全息媒体、全员媒体、全效媒体"的成功范例。

2. 注重"新闻性、艺术性、思想性、话题性"的新理念。"新闻性"是指充分遵循新闻规律，将习近平总书记的每一次重大时政活动作为重大新闻事件来筹划和报道，从受众的知闻需求出发，高度注重时效性，以一跃而起的姿态抢占首发平台，善于"抓活鱼"。"艺术性"是指充分尊重电视传播规律、发挥专业视频优势，用生动鲜活的电视语言讲好新时代领导人的故事，提升领导人报道的传播力、感染力，追求"陈言务去"。"思想性"是指充分认识时政报道的政治属性，深入发掘并生动解读时政活动的内涵，让理论润物无声，让思想快慰人心，让受众深受启迪。"话题性"是指将时政活动当作舆论场上持续热议的话题来统筹谋划，从预热期待、发展升温到进入高潮、持续发酵，形成一个完整的传播链条，使传播效果最大化。

3. 引入"新机制、新样态、新品牌、新矩阵"的新范式。总台时政从机制上确保领导人报道在所有时政报道的核心地位，确保全媒体报道在时政报道中的引领作用，确保同心同向发力。在活动之前周密策划、充分预热，在活动之中及时发布微视频快讯和独家 V 观，安全、优质、高效地做好电视报道，在活动之后迅速推出时政新闻纪录片和多媒体时政特稿，已经成为总台时政较为成熟的报道模式。总台时政以新范式为依托，顺势引入报道新样态，打造新品牌，形成新矩阵，做总台创新发展的"先锋队"和"主攻手"。理念一变，局面为之一新。

（三）总台时政的全媒体产品矩阵

总台时政实现全媒体转型的主要标志，是在中央主流媒体中成功打造出了时政报道全媒体矩阵。目前，总台已形成"2＋5"的领导人报道全媒体矩阵。

"2"是指电视新闻和大型直播。这两者侧重传统电视端，也是全媒体转型的基石和源头。

1. 电视新闻

传播党和国家的权威声音，是中央广播电视总台承担的重大使命。时至今日，总台《新闻联播》仍然是中国最有影响力的"硬核"新闻品牌。总台时政以"字字千钧、秒秒政治、天天考试"的"金标准"认真做好领导人电视报道，在《新闻联播》等重点电视栏目播出。在电视新闻时政报道中，注重点点滴滴改进创新。许多报道大胆采用现场同期声，创新引入航拍和特殊视角拍摄，使报道效果大为提升。

2. 大型直播

总台时政承担习近平总书记出席重大时政活动的直播任务。在重大时政直播活动中，总台时政设置总导演、总摄像制度，面向全球提供最优质、最精彩的电视直播和现场公共信号。在国家主席首次宪法宣誓、首次颁授"友谊勋章"、庆祝改革开放40周年大会、庆祝中华人民共和国成立70周年大会等直播报道中，总台时政直播团队围绕凸显领导人形象、呈现国家仪式感、加强电视艺术化表现周密策划、精心实施，彰显国家台水准。"国家领导人集体转身向改革先锋致敬""习近平与国家勋章和国家荣誉称号获得者一起步入人民大会堂金色大厅"等经典直播镜头成为传播热点。

"5"是指近年来尤其是2018年以来总台时政打造的新媒体报道品牌，其中就包括《时政新闻眼》。另外4个"姊妹品牌"如下。

1. 时政快讯

新媒体时政快讯发轫于 2012 年底习近平总书记在河北阜平考察期间。2018 年以来升级为时政快讯"三阶段"集束连发。一是率先抢发文字快讯。在重大时政活动开始之前预置文字快讯，与新媒体平台紧密合作，实现一键触发。二是递进发布图文快讯。在文字快讯基础上及时嵌入现场图片，第一时间以图文快讯的方式更新发布。三是独家发布视频快讯。待视频制作完成后，将图文快讯进一步更新为独家视频快讯，引发全网刷屏效应。2018 年以来，多条重大时政活动的视频快讯创下数亿次点击量，成为当之无愧的"轻骑兵"。

2. 独家 V 观

独家 V 观以习近平总书记在重大时政活动尤其是国内考察、重要会议中的精彩现场瞬间、重要发声表态为主要内容，释放独家信息，传递鲜明信号。党的十九大期间，习近平总书记参加贵州代表团讨论，总台时政深入现场捕捉交流互动场景，连续推出《习近平：价格要听市场的》《党政干部要学柳青接地气》《乡村旅游要有前瞻眼光》等 4 条独家 V 观，言语质朴、情真意切、感染力强，点击量超过 1.9 亿次。2019 年 4 月，习近平总书记赴重庆考察，总台时政先后发布《习近平：我坐飞机、坐火车、坐汽车专门来这里看看大家》《习近平：你们做的工作很有意义》《习近平：政策对老百姓好才是真正的好》等多条独家 V 观，全程、多点、精准展现考察活动中的亮点，在大屏播发之前就引发了全网热议。

3. 时政纪录片

2018 年，总台时政开创时政新闻纪录片这一新的产品样态，发挥贴身跟拍、全程记录的优势，突出原生态和现场感，体现冲击力和感染力，为国家修史、为时代立传，推出多部饱含情感的"时政大片"。2018 年 2 月推出的《情系凉山》，生动记录了习近平总书记春节前夕冒着严寒踏访四川凉山彝族自治州三河村、火普村的现场，展现了总书记对深度贫困地区群众的深情牵挂。3 月推出的《历史时刻——中国国家主席宪法宣誓纪实》，既有来自会场的难忘瞬间，也有来自民间的强烈共鸣，实现了人民大会堂内外遥相呼应、领袖与人民心心相印的感人效果。2019 年以来，在习近平总书记考察北京、重庆、江西、甘肃等地的报道中，先后推出《胡同深处听民声》《永远的初心》《穿越历史长廊探寻文化伟力》《共和国丰碑》等多部作品。这些时政新闻纪录片在大小屏同步推出，在重大时政活动收官之际形成了"追剧效应"。

4. 评论、H5、VR、Vlog、图解时政等衍生创新产品

总台时政还开创了大小屏互动的时政评论样态，注重将时政报道的话题做充分释放和延展，通过分阶段投放和多梯次传播，使之成为始终引领舆论的最热话题。2018年全国两会期间，总台时政首次在《新闻1+1》栏目开辟"时政观察"版块，把在小屏推出的时政短视频"反哺"大屏，评论员针对习近平总书记下团组时的精彩同期进行点评。这种融合传播方式有效弥补了时政短视频在网上被迅速更新的缺陷，成为时政报道与新闻评论有机融合的有益尝试。

2019年以来，总台时政又创新研发并推出H5、VR、Vlog（视频日记）、图解时政等衍生创新产品，并形成相对固定的生产模式，再次引发受众高度关注。2019年初，在习近平主席欢迎卡塔尔国埃米尔访华仪式报道中，首次将360度VR摄像机置于检阅台，全景展现欢迎仪式细节。《习近平情满扶贫路》《跟着总书记去拜年》等H5产品给受众带来沉浸式阅读体验。《我和大英雄同框》等Vlog产品引入新的叙事方式。《一图看懂十九大报告》《千里走河西》等图解产品成功吸引了年轻受众的关注。

二 《时政新闻眼》 的发展历程

正是在总台时政全媒体转型和事业发展的大环境下，2018年7月，《时政新闻眼》应运而生。它的诞生丰富了总台时政和中央主流媒体时政报道的品类，它的发展也提升了时政报道在新媒体环境下的传播力、引导力、影响力、公信力。

（一） 《时政新闻眼》的酝酿期（2018年2~6月）

多年以来，总台建构了电视报道和视频传播的专业优势，但在图文报

道和评论解读方面却存在短板弱项。这一缺陷在全媒体转型发展过程中进一步凸显出来，打造具有总台特色的原创时政特稿产品就提上了议事日程。这也是打造"全程媒体、全息媒体、全员媒体、全效媒体"和增强"脚力、眼力、脑力、笔力"的题中应有之义。

2018年2月，总台时政在习近平总书记四川考察结束之际推出时政图文特稿《变迁，在温暖的目光里发生》，将此次四川考察放到现实维度、历史维度、全球维度的大坐标中进行观察，把他在一州（凉山彝族自治州）、一镇（映秀镇）、一村（战旗村）的行程串联起来，以与总书记有交流互动的新闻当事人为切入视角，讲述一个以变迁为主题的中国故事。在这篇5000字的特稿中，还嵌入了30幅独家图片，读来令人耳目一新，仅央视新闻新媒体平台的阅读量就达318万次。这是总台时政创建以来第一篇原创时政特稿，为此后的进一步探索打下了基础。

2018年全国两会期间，总台时政以每天一篇的节奏推出《习近平的"下团组"时间》系列特稿，集原创文字、核心图片、独家视频、图表海报为一体，跳脱出时政报道的原有模式，从现场细节、独家故事到讲话解读、意义阐释，全方位、立体化、独家性透视习近平总书记的每一次"下团组"活动，表达更充分的内在意涵，传递更丰富的潜在信息，实现更精确、更到位、更艺术化的解读。这组特稿实现了当天活动、当天发稿，连推6篇，凭借讲述之生动、制作之精良、发稿之迅捷，被誉为两会报道的"一股清流"。

此后，在习近平总书记多次国内考察、主场外交活动中，总台时政又连续推出多篇原创时政特稿。

表1　《时政新闻眼》创办之前总台原创时政特稿篇目

事件	篇目	篇数	推出日期
四川考察	《变迁，在温暖的目光里发生》	1	2018年2月13日
全国两会	《习近平的"下团组"时间》	6	2018年3月4~12日
海南考察	《经略一座岛　牵系一个国》	1	2018年4月13日
北大考察	《习近平的青年说》	1	2018年5月2日
上海合作组织青岛峰会	《习近平与"上合伙伴"的74次会晤》	1	2018年6月11日
山东考察	《观沧海　起宏图》	1	2018年6月15日

在《时政新闻眼》的酝酿期，已经初步探索了原创时政特稿的一些经验，主要包括：重视对独家内容和独家时政资源的开掘，重视海报和图片的传播，重视对独家短视频的运用，重视改进文风和贴近受众阅读习惯等。这一阶段的探索也使一些亟待解决的问题"浮出水面"，主要包括：有待创立一个统一的品牌，形成与受众的"约会意识"，避免湮没在众多产品中；有待建立更有效率的集体创作机制，发挥总台时政团队优势，激发为新媒体生产内容的积极性，推动团队的全媒体转型；有待破解综述性报道带来的体量过大、叙事杂糅等问题。

（二）《时政新闻眼》的初创期（2018年7～12月）

通过2018年2～6月的酝酿和尝试，2018年7月，在习近平主席当年首次出国访问期间，总台时政首次推出了时政特稿品牌《时政新闻眼》。

在这次习主席出访亚非五国并出席金砖会晤的报道中，总台时政充分发挥前方报道团队的集体优势，调动所有参与出访报道记者的积极性和观察力，以众筹、海采的模式拍摄风格轻快、内容灵动的照片和竖版小视频，以每个国家1篇（其中南非共和国2篇）的频率，7月21～29日连续发布6篇《时政新闻眼》。

表2　《时政新闻眼》2018年首轮报道（习近平主席出访亚非五国）发稿篇目

第1篇	7月21日《阿联酋：历史性访问》
第2篇	7月23日《塞内加尔：天然盟友的相聚》
第3篇	7月24日《卢旺达：情比山高》
第4篇	7月25日《南非：同志加兄弟　咱们走向前》
第5篇	7月27日《金砖会晤：黄金之城"拍金砖"》
第6篇	7月29日《毛里求斯：欢迎仪式上奏响了〈我的中国心〉》

《时政新闻眼》的这次试水，从外围折射核心，以真实打动人心，以更体现个人化、亲近感，更接地气、更网络化的方式做领导人出访报道，用总台时政记者的个性化视角透视习近平主席的亚非之行，用更加原生态的细节和故事展现此访的辐射带动效应。《时政新闻眼》有别于核心现场的严

肃新闻报道，更加注重外围信息、幕后细节的采集和打捞，将看似零碎、花絮的信息，经过主题整合，营造出强大的气场，满足广大网友的知闻需求，实现轻松阅读。这一轮推出的 6 篇《时政新闻眼》，共采用 34 名记者的 119 张图片和 15 段视频，多篇被全网转发，《时政新闻眼》一炮打响。

从 2018 年 7 月创办到 2018 年年底，《时政新闻眼》累计推出 7 轮共 42 篇，初步创立了品牌，主要体现在以下方面。1. 功能定位基本明确。从首轮聚焦领导人国外出访，到此后逐渐拓展到国内考察、主场外交等重大活动，《时政新闻眼》成为跟随报道习近平总书记重大时政活动的领袖报道品牌。2. 品牌标识基本明确。《时政新闻眼》海报打头、图文并茂、视频丰富、标题醒目的表现形态发端于第一篇，并延续至今。3. 内容特色基本明确。《时政新闻眼》依托独家时政报道资源和团队优势，独家采集、独家解读、内容多元、表达鲜活，在国内时政报道阵营中脱颖而出。推出第一年，《时政新闻眼》就被评为 2018 年度中央广播电视总台优秀新媒体品牌专栏。

表3　2018 年 9～12 月《时政新闻眼》发稿篇目

1. 中非合作论坛北京峰会（发稿 7 篇）	
第 1 篇	9 月 1 日《北京欢迎你》
第 2 篇	9 月 2 日《中国会客厅》
第 3 篇	9 月 3 日《盛会将启》（上午发稿）
第 4 篇	9 月 3 日《上午从这个会场铺出"一条路"》（下午发稿）
第 5 篇	9 月 4 日《峰会怎么开？人民大会堂五小时亲历》
第 6 篇	9 月 5 日《这张圆桌上谈了什么？影响 26 亿人》
第 7 篇	9 月 7 日《8 天里，习主席为何与这 53 个人逐一见面》
2. 东北考察（发稿 4 篇）	
第 1 篇	9 月 26 日《丰收节后第二天，习近平考察了这个名字不一般的地方》
第 2 篇	9 月 27 日《习近平跨省考察第二天，在吉林他专程去看了这个湖》
第 3 篇	9 月 28 日《习近平行经三省，在辽宁他首先去了这座城市》
第 4 篇	9 月 29 日《深入推进东北振兴，习近平在这个座谈会上强调了什么》
3. 广东考察（发稿 6 篇）	
第 1 篇	10 月 23 日《广东之行第一站，习近平为何来到这个地方》
第 2 篇	10 月 24 日《桥通港珠澳这一天，习近平沿桥巡览 29.6 公里》

第 3 篇	10 月 25 日《习近平考察深圳广州，第一站分别去了哪儿》
第 4 篇	10 月 25 日《习近平在深圳：一路走来都是关于时间的故事》
第 5 篇	10 月 25 日《习近平在广州：情牵中国"南大门"的文脉》
第 6 篇	10 月 26 日《关于改革开放，习近平广东之行释放了哪些新信息?》

4. 首届中国国际进口博览会及上海考察（发稿 3 篇）	
第 1 篇	11 月 4 日《进博会将开，习近平这几天密集见了谁?》
第 2 篇	11 月 5 日《开幕式结束后，习近平"巡馆"看了些什么?》
第 3 篇	11 月 7 日《除了中国第一高楼，习近平考察上海还去了哪儿?》

5. 亚太之行（发稿 7 篇）	
第 1 篇	11 月 15 日《习近平飞抵巴新开启亚太之行》
第 2 篇	11 月 16 日《见到习近平，巴新总理三次用这个词描述两国关系》
第 3 篇	11 月 18 日《习近平：共同驾驶世界经济大船驶向更加美好的彼岸》
第 4 篇	11 月 19 日《巴新 APEC 会议举行，习近平再提"十字路口"》
第 5 篇	11 月 20 日《习近平的首次文莱之行，这七个视角你值得一看》
第 6 篇	11 月 21 日《一个"菲"同寻常的决定：中菲建立全面战略合作关系》
第 7 篇	11 月 22 日《习近平亚太之行：大国外交新的里程碑》

6. 欧洲、拉美之行（发稿 9 篇）	
第 1 篇	11 月 28 日《战机护航、王宫家宴……西班牙这样迎接习近平》
第 2 篇	11 月 29 日《习近平访西第二天，两国用行动证明什么是"最高级别的伙伴"》
第 3 篇	11 月 30 日《遥隔四万里的"好知音"，习近平再访阿根廷》
第 4 篇	12 月 1 日《G20 峰会上，习近平提到这两个 10 周年启示了什么》
第 5 篇	12 月 2 日《改变世界的 150 分钟："中美关系一定要搞好，也一定会搞好"》
第 6 篇	12 月 3 日《峰会之后又逢君，习近平说这件事创造了中阿关系史上新纪录》
第 7 篇	12 月 4 日《习近平访问巴拿马，两国元首为何频频提到这个词》
第 8 篇	12 月 5 日《访问葡萄牙，习近平引用 16 字古语为两国关系点赞》
第 9 篇	12 月 6 日《习近平访问葡萄牙，这个国家愿成为"一带一路"欧洲枢纽》

（三）《时政新闻眼》的发展期（2019 年至今）

2019 年以来，《时政新闻眼》在发展中调整，在调整中发展，品牌渐趋成熟。主要体现在以下几方面。

1. 突出融合传播。《时政新闻眼》是一款在融媒体发展进程中应运而生的产品。2019年以来，随着中央广播电视总台机构改革的推进，《时政新闻眼》进一步加大融合传播力度。2019年5月总台新闻中心正式成立后，《时政新闻眼》在原有央视时政报道团队的基础上将央广、国广的时政报道团队整体纳入，将三股力量拧成一股绳，基于各自特色和优势集中向《时政新闻眼》供稿，进一步丰富了其视角和稿源。从2019年6月习近平主席出访俄罗斯开始，央视、央广、国广联合编队建群，彰显了总台在时政报道领域的整体实力，也成为融合传播的生动样本。

2. 强化功能定位。《时政新闻眼》成为覆盖习近平总书记所有重大时政活动的报道品牌。2019年以来历次国内考察、国外出访、主场外交活动，《时政新闻眼》全程跟随。尤其是2019年4月底和6月，习近平总书记分别创造了单日会见外国领导人人数和单月出国访问次数等新纪录，《时政新闻眼》始终保持贴身报道、全程记录。此外，《时政新闻眼》还向其他类型的时政活动延展。2019年3月1日习近平总书记出席中央党校（国家行政学院）中青年干部培训班开班式，9月12日视察北京香山革命纪念地，9月23日参观"伟大历程辉煌成就——庆祝中华人民共和国成立70周年大型成就展"。针对这些重要时政活动，《时政新闻眼》均实现当日发稿、当日解读。

3. 升级品牌运营。从2019年年初开始，《时政新闻眼》着眼于央视新闻客户端和微信公众号的不同传播特色，进行分版制作，对品牌进行精细化经营。为强化《时政新闻眼》的品牌标识，创始于2018年的两会报道《习近平的"下团组"时间》整体纳入《时政新闻眼》。从2019年8月习近平总书记甘肃之行开始，《时政新闻眼》对延续一年的海报版式进行调整，使之更加美观、简洁、灵动、时尚。

4. 创新内容特色。独家短视频是总台时政的突出优势和"看家本领"。《时政新闻眼》从2019年年初开始进一步强化短视频特色，大幅增加短视频尤其是竖屏短视频的有机嵌入，最多的一篇嵌入了15条短视频，进一步优化了受众体验。《时政新闻眼》还引入特别策划机制，注重独家梳理和创意策划。2019 年以来先后推出《习主席出访途中说的这些话，直抒胸臆》《习近平：不怕路远，哪怕一天只看一个点》《习近平的长征脚步，从未停歇》《年中盘点：习主席创下的外交新纪录》《鉴往知来——跟着总书记学历史》等多篇报道，获得广泛好评。2019 年国庆盛典报道期间，《时政新闻眼》首次面向网友征集照片和视频，成功实现"用户生产内容"（User Generated Content），增进了报道的贴近性、丰富性。

表 4　2019 年 1～10 月《时政新闻眼》发稿篇目

1. 京津冀考察（发稿 4 篇）	
第 1 篇	1 月 16 日《习近平再赴雄安新区，看千年之城这样起步》
第 2 篇	1 月 17 日《习近平到访南开，哪些地方吸引了他的目光？》
第 3 篇	1 月 18 日《习近平考察天津，密集走访了哪些地方？》
第 4 篇	1 月 19 日《习近平说，这件事要做好"长期作战"的思想准备》
2. 北京春节前夕慰问（发稿 3 篇）	
第 1 篇	2 月 1 日《腊月二十七，总书记的这个动作温暖了北京城》
第 2 篇	2 月 1 日《北京冬奥会开幕倒计时三年，总书记专程"探营"》
第 3 篇	2 月 2 日《第七次春节前夕看望慰问，习近平总书记惦记着这些人》
3. 中央党校开班式（发稿 1 篇）	
3 月 1 日《这个班今天开学，习近平亲自主讲第一课》	
4. 习近平的"下团组"时间（发稿 6 篇）	
第 1 篇	3 月 4 日《今年首次下团组，习近平谈到这两项"培根铸魂"的重要工作》
第 2 篇	3 月 5 日《习近平在内蒙古代表团说，抓这件事要"不动摇不松劲不开口子"》
第 3 篇	3 月 7 日《习近平在甘肃代表团强调，这项工作越到最后时刻越要响鼓重锤》
第 4 篇	3 月 8 日《在河南代表团，习近平详谈这项"具有特殊重要性"的工作》
第 5 篇	3 月 10 日《在福建代表团，习近平围绕一个关键词讲了三件事》
第 6 篇	3 月 12 日《习近平六下团组，这些细节你注意到了么？》
5. 欧洲三国之行（发稿 7 篇）	
第 1 篇	3 月 22 日《习近平飞抵罗马，欧洲之行这样启幕》
第 2 篇	3 月 23 日《习近平访意，两国元首都用这个词定义中意关系》
第 3 篇	3 月 24 日《签了！这一项习主席说"天经地义"的合作迎来"大单"》
第 4 篇	3 月 24 日《习主席出访途中说的这些话，直抒胸臆》
第 5 篇	3 月 25 日《历史性访问！摩纳哥首次迎来中国国家元首》
第 6 篇	3 月 26 日《尼斯夜谈、战机护航、凯旋门迎宾，一场特殊之访来了》
第 7 篇	3 月 27 日《访欧收官日，习近平提出人类要破解"四大赤字"》

续表

6. 重庆考察（发稿3篇）	
第1篇	4月16日《习近平翻山越岭来到这个村子看了什么》
第2篇	4月17日《第六场脱贫主题座谈会，习近平重点谈这个突出问题》
第3篇	4月17日《习近平：不怕路远，哪怕一天只看一个点》

7. 第二届"一带一路"国际合作高峰论坛、北京世园会等（发稿7篇）	
第1篇	4月24日《我们又见面了！习主席今天这七场会见信息量很大》
第2篇	4月25日《新纪录！习近平一天会见了14位领导人》
第3篇	4月26日《高峰论坛开幕日，习主席这四个现场最值得记取》
第4篇	4月27日《习主席和39位外方领导人围桌共绘"工笔画"》
第5篇	4月28日《长城脚下世园会，习近平和多国领导人去看了啥？》
第6篇	4月29日《6天会见38位外方领导人，这些信息你看懂了吗？》
第7篇	4月30日《4亿中国青年，总书记一直都懂你！》

8. 亚洲文明对话大会（发稿2篇）	
第1篇	5月14日《亚洲文明对话大会迎宾日，习主席这一番话含意很深》
第2篇	5月15日《共谋文明之道、共赏文明之美，这场对话大会意味深长》

9. 江西考察（发稿2篇）	
第1篇	5月21日《习近平到中央红军长征集结出发地看了什么？》
第2篇	5月22日《习近平的长征脚步，从未停歇》

10. 访问俄罗斯（发稿3篇）	
第1篇	6月5日《习近平访俄首日，这些亮点点亮中俄关系新时代》
第2篇	6月6日《习近平访俄出席这个仪式，再次印证"亲戚越走越亲"》
第3篇	6月7日《从四道题读懂习近平访俄最后一天》

11. 访问中亚两国（吉尔吉斯斯坦、塔吉克斯坦）（发稿4篇）	
第1篇	6月12日《习近平开启中亚之行，这两国缘何与中国结下"四好"》
第2篇	6月13日《习近平：不敢有丝毫自满，但怀有无比自信》
第3篇	6月14日《七次出席上合峰会，这个词习近平一以贯之》
第4篇	6月15日《习近平：封闭的空间只会四处碰壁，开放的道路才会越走越宽》

12. 访问朝鲜（发稿2篇）	
第1篇	6月20日《习近平访问朝鲜，开创了这些第一次》
第2篇	6月21日《中朝历史性互访，习近平表达"三个坚定支持"》

13. 日本G20峰会（发稿3篇）	
第1篇	6月27日《G20峰会前一天，习近平这两场会见释放丰富信息》

| 第 2 篇 | 6 月 28 日《习近平发出 G20 最强音：关键时刻　把准航向》 |
| 第 3 篇 | 6 月 29 日《一场举世瞩目的会晤，幕后还有这些独家细节和现场》 |

14. 内蒙古考察（发稿 2 篇）	
第 1 篇	7 月 16 日《习近平到赤峰考察调研，传递着这些牵挂》
第 2 篇	7 月 17 日《开启"考察 +"模式，习近平这次内蒙古之行不一般》

| 15. 年中外交盘点（发稿 1 篇） | |
| 8 月 5 日《年中盘点：习主席创下的外交新纪录》 | |

16. 甘肃考察（发稿 4 篇）	
第 1 篇	8 月 19 日《习近平赴甘肃考察调研，首站来到敦煌莫高窟》
第 2 篇	8 月 20 日《习近平踏访河西走廊：即从京城赴边城，便下肃州向甘州》
第 3 篇	8 月 21 日《习近平甘肃之行第三天：乌岭逶迤腾众浪，凉州过罢到兰州》
第 4 篇	8 月 22 日《鉴往知来——跟着总书记学历史》

| 17. 北京香山革命纪念地视察（发稿 1 篇） | |
| 9 月 12 日《庆祝新中国成立 70 周年前夕，习近平为何视察这个地方》 | |

18. 河南考察（发稿 3 篇）	
第 1 篇	9 月 16 日《习近平赴河南考察，第一站为何来到这个县》
第 2 篇	9 月 17 日《半年之后又"豫"见　习近平一天连看五个考察点》
第 3 篇	9 月 19 日《盛典前夕这场座谈会，定了一个重大国家战略》

| 19. 新中国成立 70 周年大型成就展（发稿 1 篇） | |
| 9 月 23 日《习近平参观的这条新中国 70 年"时光隧道"，邀你先睹为快!》 | |

20. 新中国成立 70 周年盛典（发稿 4 篇）	
第 1 篇	9 月 28 日《盛典·前瞻：收好这份指南，看懂这件大事!》
第 2 篇	9 月 29 日《盛典·亲历：打卡大会堂! 看最亮的星，听奋斗的歌》
第 3 篇	9 月 30 日《盛典·亲历：国庆前一天，习近平出席这些活动传递丰富信息》
第 4 篇	10 月 1 日《盛典·亲历：这　天，天安门前的敬礼打动人心》

三　《时政新闻眼》的内容与形式分析
——以 105 篇报道为样本

截至 2019 年 10 月 1 日，《时政新闻眼》已累计推出 20 多个系列、105 篇报道。这是党的十九大以来中央主流媒体专门聚焦党和国家最高领导人的最丰富的新媒体报道产品之一，是融合传播环境下中国时政报道最重要的探索之一，也是近年来在中国网民尤其是年轻受众中最受欢迎的新媒体时政报道品牌之一。本文以目前推出的105篇报道为样本，以"解剖麻雀"的方式进行分析探究，为传媒业界在时政报道领域的进一步探索提供经验和借鉴。

（一）《时政新闻眼》的定位

如前所述，《时政新闻眼》是一个跟随报道习近平总书记重大时政活动的领袖报道品牌。从已经推出的105篇报道来看，其中国外出访有8个系列共41篇，国内考察有10个系列共32篇，主场外交有5个系列共17篇，其余篇目聚焦全国两会、国庆盛典、纪念五四运动100周年大会等。这些报道几乎涵盖习近平总书记2018年7月以来出席的所有国外出访、国内考察、主场外交活动和重大时政活动，为受众了解最高领导人的最新时政活动提供了翔实、鲜活的信息，为受众学习掌握习近平总书记最新讲话精神提供了及时、有见地的解读，也为未来研究分析新时代中国的治国理政实践留下了珍贵的材料和底稿。"有时政大事，看时政新闻眼"——已经成为不少受众的固定期待。

除了"伴随式"报道最高领导人的最新时政活动之外，进一步梳理、解读乃至前瞻、预判最高领导人的所思所想，为受众提供更加独到、准确、权威、更有价值的分析判断，让党中央的声音得到更广泛、更有效的传播，是《时政新闻眼》下一步努力的方向。

（二）《时政新闻眼》的标题

《时政新闻眼》的标题包括三类：一是海报标题；二是新闻标题；三是分标题。

海报标题配合海报传播，主要起到吸引受众、提示重点、做出概述、引发联想等作用。海报标题一般较短，例如，2019年6月29日中美元首会晤的海报标题是《"你""我""我们"……》，引用了两国元首在会晤中的称谓，揭示了中美两国"你中有我、我中有你"的密切联系，所谓"脱钩"难以想象。

新闻标题是《时政新闻眼》每一篇的主标题，对传播效果产生重要影响。《战机护航、王宫家宴……西班牙这样迎接习近平》《习近平访问朝鲜，开创了这些第一次》《盛典前夕这场座谈会，定了一个重大国家战略》等新闻标题以其新闻"硬核"而吸睛。《4 亿中国青年，总书记一直都懂你！》《习近平踏访河西走廊：即从京城赴边城，便下肃州向甘州》《习近平甘肃之行第三天：乌岭逶迤腾古浪，凉州过罢到兰州》等标题则以情感打动人。

分标题是每个段落、章节的"眼睛"，起到提纲挈领、引导阅读的作用。如《盛典前瞻：收好这份指南，看懂这件大事！》，这篇用了《最光荣！首次集中颁授国家最高荣誉》《最瞩目！新时代的首次国庆阅兵》《最欢乐！万众同欢的盛大联欢》三个分标题，揭示了盛典的三大看点。

借鉴许多知名微信公众号的做法，《时政新闻眼》引入内部投票机制确定新闻标题，在恪守时政报道基本规范的基础上，提高了标题的吸引力和传播力。

（三）《时政新闻眼》的海报

海报是新媒体传播的"利器"，也是《时政新闻眼》的"门脸"。《时政新闻眼》海报的主要元素包括主 LOGO、新闻图片、底图、标题、二维码等。"时政新闻眼"主 LOGO 和标题形成"浓眉大眼"，来自当天活动现场的多张新闻图片构建丰富镜像，底图则衬托出宽阔背景。一年多以来，每篇刷新但又风格统一的海报成为《时政新闻眼》的独特品牌标识。扫海报二维码可阅读全文，更是带给受众便捷、时尚的阅读体验。2019 年以来，《时政新闻眼》海报做了进一步优化，取消底图，丰富新闻图片，版式设计更加"小清新"，更富年轻气质。《时政新闻眼》特别策划的海报，则每篇都采用特殊版式，带给受众常读常新的感受。例如，《习近平参观的这条新中国 70 年"时光隧道"，邀你先睹为快！》这篇的海报就特别设计了"时光隧道"，形象诠释了报道的主题。

在互联网时代，海报具有独立传播和广泛转发的价值。"中国，一点都不能少""我将无我、不负人民"等政治海报曾创下数亿次的点击量。大道至简，如何通过有"燃点"的海报有效地引领舆论场，扩大时政报道的传播力和感染力，这是值得《时政新闻眼》等时政报道产品进一步研究的课题。

（四）《时政新闻眼》的结构

常规的《时政新闻眼》以系列报道、综述报道为主要呈现方式。从系列报道的结构来看，《时政新闻眼》在重大时政活动期间以每天一篇的节奏推出，通过连续不断的"横切面"，还原整个活动的全貌。以第二届"一带一路"国际合作高峰论坛为例，从双边活动到多边活动，《时政新闻眼》连续6天保持"每日一更"的频率，将2019年这场最重要的主场外交活动全方位、立体化地呈现在网友面前。

从单篇的结构来看，《时政新闻眼》既综述全天、交代概貌，又厘清主线、突出亮点。以2019年8月20日甘肃之行第二天发稿为例，当天习近平总书记先后到了嘉峪关、高台、山丹的四个考察点。《时政新闻眼》从"巍巍关城，习近平登临万里长城最西端""烈烈忠魂，总书记缅怀这群不能被忘却的人""一个人、一所学校，吸引总书记的目光""一座山、一个马场，牵系总书记的心"四个部分展开，挖掘受众最希望了解的信息，并传递出总书记接连踏访四个考察点的用意。

除了依据常规的时间线索来结构全篇，《时政新闻眼》还力求从独特角度观察和梳理领导人的时政活动，引领受众跳出程序性报道，读懂时政活动蕴含的深意。例如，《习近平的首次文莱之行，这七个视角你值得一看》《高峰论坛开幕日，习主席这四个现场最值得记取》《从四道题读懂习近平访俄最后一天》《盛典·亲历：这一天，天安门前的敬礼打动人心》等报道就带给网友耳目一新的视角。

（五）《时政新闻眼》的图片

图文报道至今仍然是最通用的传播形态。《时政新闻眼》从图文报道的传播规律出发，以图片为主打，最大程度发挥图片在视觉表现、信息传递方面的优势，每篇采用图片 20～30 幅，追求"有图有真相、一图胜千言"。

《时政新闻眼》的图片"取之有道"。每轮报道启动后，以订单制作的方式，向前方记者广撒"英雄帖"，通过详细列举"我们要什么""我们不要什么""需要你怎样做""什么时候提交""如何提交""会有什么回报"等"清单""指南"，发动前方记者睁大眼睛拍摄、发现一切有分享冲动的图片。不同点位、工种的前方记者发挥团队优势，利用前期踩点、现场活动、事后回访等时机拍摄大量独家图片，实现多角度观察、全过程直击、无死角拍摄，形成最为丰富的图片资源库和信息素材库，供《时政新闻眼》后期团队选用和开掘。

《时政新闻眼》的许多独家图片满足了受众"知道多一点"的需求。例如，2019 年 4 月 26 日，在习近平主席见证下，清华大学向俄罗斯总统普京颁发名誉博士学位证书。《时政新闻眼》独家发布了普京的这张学位证书，被多家媒体转发。《时政新闻眼》的现场图片，带领受众身临其境地走进重大时政活动现场。例如，2018 年 12 月 1 日晚，中美两国元首的布宜诺斯艾利斯会晤举世瞩目。《时政新闻眼》发动多路记者，在会晤所在地柏悦酒店中庭、会晤房间门口等处和习近平主席车队途经路口的高楼楼顶拍摄独家现场图片，第一时间与网友分享。《时政新闻眼》许多新闻图片传递了丰富内涵。例如，法国总统马克龙、德国总理默克尔和欧盟委员会主席容克一起站在爱丽舍宫台阶上提前迎候习近平主席的现场照片，展现了欧洲政治家对习近平主席的敬重和对中国方案的期待。

（六）《时政新闻眼》的视频

生产制作独家短视频，是总台时政优势资源和专业能力最集中的体现。《时政新闻眼》灵活采用大小屏视频资源，包括《新闻联播》节目视频和视频快讯、独家 V 观、时政微纪录片等新媒体视频，使之成为《时政新闻眼》的重要看点。这些专业视频也经由《时政新闻眼》"二次传播"得到最大化的利用。

为适应受众的收视习惯，《时政新闻眼》重视采用原创竖屏短视频，鼓励前方同事用拍摄"抖音""快手"视频的方式提供10秒左右的独家竖屏短视频。在《毛里求斯：欢迎仪式上奏响了〈我的中国心〉》这一篇中，采用了记者用手机拍摄的当地军乐队在机场演奏《我的中国心》的原始视频。网友评论说，虽然乐曲有些走调，但举动非常感人。在《习近平甘肃之行第三天》这一篇中，嵌入了习近平总书记参与"草方格压沙"劳动的竖屏短视频，生动体现了人民领袖本色不改，与人民群众想在一起、干在一起。

《时政新闻眼》还注重对珍贵视频资料的运用，使之产生震撼人心的效果。在《遥隔四万里的"好知音"，习近平再访阿根廷》这一篇中，独家挖掘到4年前习近平主席到访阿根廷共和国庄园时与农场主的儿子弗洛伦西奥亲口约定"下一次见面希望能用中文交流"的现场视频，展现了习近平主席独特的亲和力。在《庆祝新中国成立70周年前夕，习近平为何视察这个地方》这一篇中，独家推送了香山革命纪念馆《为新中国奠基》展览现场播放的《北平和平解放》《西苑机场阅兵》《开国大典》等珍贵影像。

此外，《时政新闻眼》还注重生产自己的专属视频。在《盛典·亲历：打卡大会堂！看最亮的星，听奋斗的歌》这一篇中，就推出了独家视频报道《我和大英雄同框》，两路记者追踪拍摄张富清、申纪兰这两位"共和国勋章"获得者，以视频日记的方式记录了"大英雄"的生活日常和本色人生。

（七）《时政新闻眼》的音频

在多媒体传播时代，原汁原味的现场声音往往带给受众不一样的视听感受。《时政新闻眼》多次创新采用央广、国广记者录制的现场音频。在《改变世界的150分钟："中美关系一定要搞好，也一定会搞好"》这一篇中，采用习近平主席会晤特朗普总统时的开场白音频原声，第一时间向外界传递出会晤现场坚定有力的中国声音。在《习近平访问巴拿马，两国元首为何频频提到这个词》这一篇中，采用习近平主席与"玫瑰轮"船长通话并祝愿他们此行一帆风顺的独家音频，体现了习近平主席对中国"远洋人"的殷切关怀。在 2019 年 6 月访问吉尔吉斯斯坦、塔吉克斯坦两国时，习近平主席都有一个暖心的动作：在检阅仪仗队时用当地语言问候仪仗队员。两篇《时政新闻眼》分别采用了习近平主席用吉尔吉斯语和塔吉克语问候"战士们好"的现场原声，展现中国领导人对到访国家本土文化的尊重。在《盛典·亲历：打卡大会堂！看最亮的星，听奋斗的歌》这一篇中，独家推送了专为国家勋章和国家荣誉称号颁授仪式创作的乐曲《向祖国致敬》。

图文、视频、音频，在同一个报道产品里融为一体；央视、央广、国广，在同一个报道产品里握指成拳，成为融合传播的生动例证。

四 《时政新闻眼》的特色分析

《时政新闻眼》秉持"为受众看懂中国政治、让年轻人喜欢政治生活"的宗旨，既扬视频之长，又补图文之短，注重差异化传播和交互性传播，迎着"痛点"和"爽点"做报道，以优质供给引领受众需求，为主流媒体拼抢出新的阵地，也形成了自己的鲜明特色。

（一）报道有时效

《时政新闻眼》，以"时政"为范畴，以"新闻"为内核，高度重视时效性，拼抢第一落点，在舆论场上先声夺人。通过优化发稿流程，《时政新闻眼》实现了当日活动当日发稿甚至当场发稿，时效性大幅领先于其他媒体。2018 年 9 月 3 日中非合作论坛北京峰会第一天，《时政新闻眼》首次实现动态发稿，先后发出《上午从这个会场铺出"一条路"》《峰会怎么开？人民大会堂五小时亲历》。11 月 30 日，习近平主席访问阿根廷。机场欢迎仪式还在进行当中，《时政新闻眼》就已发出《遥隔四万里的"好知音"，习近平再访阿根廷》，并在开篇使用了习近平主席专机在晚霞中抵达埃塞伊萨国际机场的最新独家视频。2019 年 3 月 24 日，《时政新闻眼》以"号外"的方式推出特稿《习主席出访途中说的这些话，直抒胸臆》，把习近平主席

"我将无我，不负人民"的宣示放到宏阔的时空背景之中，迅速梳理习近平主席此前在历次出访途中表达执政理念、政治初心的话语，并推出主题海报，放大传播效果。2019年9月28日至10月1日，新中国成立70周年系列庆祝活动逐步达到高潮，《时政新闻眼》连续4天推出"盛典·亲历"，实现了每日综述、当晚发稿，带领网友第一时间亲历盛典。

（二）信息有干货

《时政新闻眼》作为时政新媒体"特稿"，视独特内容为"生命线"，追求人无我有、人有我优。在《桥通港珠澳这一天，习近平沿桥巡览29.6公里》这一篇中，独家测算出习近平总书记巡览港珠澳大桥的距离为29.6公里，展现"车轮飞驰29.6公里，思潮澎湃海天之间"的豪迈情怀，后被多家媒体引用。在《新纪录！习近平一天会见了14位领导人》一篇中，独家梳理出这是习近平主席创造的单日会见外方领导人人数的新纪录。正是因为开掘、披露、放大了这些未必为常人所知的信息，《时政新闻眼》使领导人时政活动的意涵更加丰富、更加突出、更有穿透力。

《时政新闻眼》从受众需求出发，力图揭开时政活动的"神秘面纱"，为社会公众打开一扇了解时政活动的新窗口。例如，国事访问欢迎仪式鸣礼炮21响，但受众往往只闻其声、未见其形。《中国会客厅》这一篇用23秒的短视频全方位展示了礼炮的型制。主场外交活动中，国家元首与外方领导人的双边会晤大有讲究。《8天里，习主席为何与这53个人逐一见面》这一篇就针对国事访问、正式访问、工作访问等分门别类做了解析。首届中国国际进口博览会期间，13个国家馆不对公众开放。《开幕式结束后，习近平"巡馆"看了些什么？》图文并茂地逐一展示了各国领导人巡视的这些国家馆。《时政新闻眼》这些"干货满满"的报道引发了年轻网友的浓厚兴趣，他们感叹："原来时政报道这样好看。"

（三）解读有见地

外行看热闹，内行看门道。《时政新闻眼》善于从媒体角度引导受众看懂时政活动的"门道"。《广东之行第一站，习近平为何来到这个地方》这一篇解读了习近平总书记 2012 年、2018 年两次广东之行为何分别选取深圳前海、珠海横琴作为第一站，揭示了两者之间的紧密联系，引导受众了解时政活动安排的深远立意和独具匠心。《巴新 APEC 会议举行，习近平再提"十字路口"》这一篇以习近平主席在 APEC 会议期间两场重要讲话同时提到的"十字路口"为关注点，解读他针对"十字路口"发出的中国声音。《七次出席上合峰会，这个词习近平一以贯之》这一篇通过梳理习近平主席连续 7 年在上合峰会上发表的重要讲话，敏锐发现"务实"这个词贯穿始终。2019 年 7 月，习近平总书记赴内蒙古考察，此行也是他赴地方实地指导开展"不忘初心、牢记使命"主题教育的例证。《时政新闻眼》依据这一特点，制作推出《开启"考察＋"模式，习近平这次内蒙古之行不一般》，突出"实地指导"这一重要特点。

《时政新闻眼》清晰、准确地梳理习近平总书记每一场最新讲话的源流脉络，剥析其中的新提法、新表述，引导网友读懂讲话背后的深意，看清治国理政里面的逻辑，成为受众学习时事政治的好帮手。

（四）表达有温度

《时政新闻眼》追求见人、见事、见情怀的时政报道新文风，倡导生动表达、趣味表达。以《鉴往知来——跟着总书记学历史》为例，全篇将习近平总书记比喻为一位"历史老师"，将他的河西走廊之行比喻为一堂历史"新课"。从这堂"新课"说起，进而展开跟着总书记学历史的"上课地点""观点方法""学习重点"等一系列问题。文风轻快灵动，活用网言网语，令人耳目一新。

时政报道往往注重宏大叙事。《时政新闻眼》则充分彰显对人的尊重和关注，将每一个与习近平总书记有过互动、发生过交集的人和群体作为报道的主人公。例如，久久站在贵宾室门口目送习近平主席专机起飞的卢旺达总统卡加梅、中非合作论坛北京峰会间隙纷纷围拢过来向习近平主席表达祝贺和感谢的各国领导人、刚刚上岸的吉林查干湖渔把头、在深圳市民驿站与习近平总书记三次握手的独居老人、在天安门前庄严敬礼的老兵和少年……《时政新闻眼》用图文和视频讲述了一个个生动鲜活的故事。通过有血有肉、见人见事的表达，时政报道做到了真正活起来、聚民心、有人气、有温度。在《4亿中国青年，总书记一直都懂你！》这一篇中，《时政新闻眼》从习近平总书记在纪念五四运动100周年大会上7000多字的讲话中撷取、放大他的一席知心话——关于理解、关爱、引导，关于困惑、压力、操心事、烦心事，揭示习近平总书记真懂中国青年、真能把话说进年轻人的心坎里。

《时政新闻眼》还强调掉转镜头来拍，从外围折射核心，通过细节、场景捕捉时政活动带来的影响；降低视角来看，追求报道的原生态和"草根性"，通过面孔、表情捕捉人们的反应。这种创新表达增进了报道的真实感和同场效应，更接地气，也更暖人心。

五　结语：创新无止境

作为一款新媒体报道产品，《时政新闻眼》做出了可贵的探索。全方位的创新，令业界瞩目。

（一）定位创新：新时代、新气象、新作为

习近平总书记提出，新时代要有新气象，更要有新作为。《时政新闻眼》是在新时代应运而生的时政新闻报道产品。它在继承发扬时政报道优良传统、清醒分析时政报道现有格局的基础上，扬长避短、补位拓新，为时政新闻报道"赋能"，在互联网时代为时政新闻报道"做增量"。《时政新闻眼》将重大时政活动放在宏大坐标系中进行观察，跳脱出就事论事的模式，从历史、现实、国际等纵深维度分析时政活动的内涵、意义和价值，建立既独树一帜、又贴近网友的解释框架和认知体系，开拓新立意、新定位、新角度、新功能、新阵地。

（二）内容创新：打造别开生面的时政报道

《时政新闻眼》着眼于新形势下宣传思想工作的使命任务，在恪守原则和规范的基础上守正创新，首先是在内容层面出新出彩：一是提供契合受众需求点的新信息；二是提供引领受众关注点的新解读。《时政新闻眼》为受众了解中国政治提供了更鲜活的看点，为新时代的治国理政留下了更生动的注脚。

（三）表达创新：争做耳目一新的"轻骑兵"

2018 年 8 月，习近平总书记在全国宣传思想工作会议上强调，要加强传播手段和话语方式创新。《时政新闻眼》主要从新样态和新文风两方面展开创新：一是开创了有图、有文、有视频的时政报道新样态；二是改进了见人、见事、见情怀的时政报道新文风。

（四）机制创新：开展融合传播的全媒体运作

《时政新闻眼》是机制创新的产物。这一产品发挥中央广播电视总台前方报道团队的集体优势，以"众筹""海采"的方式做新媒体报道，强调人人都是拍摄者、供稿人，人人都是主笔。同时，从机制上聚合央视、央广、国广三股力量，真正实现了深度融合、优势聚集，产生了"化学反应"。

（五）品牌创新：跻身融媒体传播新品牌

创立一年多以来，《时政新闻眼》以独特标识树立形象，以独家内容擦亮品牌，以第一落点先声夺人，以全平台推介打出知名度。《时政新闻眼》在总台内部形成了央视新闻客户端独家首发、总台各新媒体平台一键转发的全平台发稿机制，许多报道被全网置顶推送，国内主流媒体、知名自媒体账号纷纷引用或转发。《时政新闻眼》与总台旗下《央视快评》《国际锐评》《独家 V 观》等共同形成了时政报道新媒体传播的品牌矩阵。

与此同时，《时政新闻眼》还有很大的提升空间。只有更加贴近受众需求，更多采用新技术、新手段、新形态，才能打造更有影响力和传播力的融媒体传播新品牌。

《时政新闻眼》带来的一个重要启示是，主流媒体在深度融合过程中最重要的还是"内容为王"，要以更便捷和可及的方式满足受众对信息和知识的需求，以更有效的新闻供给消除受众的不确定性和深层次困惑。总而言之，必须来一场新闻舆论领域的供给侧结构性改革。

省级媒体融合转型现状分析：以湖北为例 *

肖 珺 胡文韬 韦小婉 * *

摘 要： 媒体融合发展是传媒领域一场重大而深刻的变革，也是一个全新的课题。本文实地调研了湖北两家省级媒体，运用了半结构化访谈和案例分析法进行研究，结果发现，湖北日报传媒集团通过建立融媒体中心，形成了内部小型的全媒体形态；"长江云"则是将新闻、政务和服务相结合，打造移动政务新媒体平台，正在创新"直播＋商务"模式，提升自我造血能力。研究表明，省级媒体的融合转型仍面临着资金、技术、人才的争夺，体制机制上的束缚过多，传播效果与市场规模仍不匹配，自我造血能力明显不足，急需从内部系统改革、人才优化配置和全面移动化等方面打破条块分割的体制壁垒，激活区域媒体的平台效益，通过重建社会连接全面提升"四力"。

关键词： 媒体融合 湖北日报传媒集团 项目制 "长江云" "直播＋商务"

---

* 本文为 2019 年度湖北省社会科学基金重点项目《推进我省媒体深度融合发展研究》（HB-SK2019ZD009）的阶段性成果。

** 肖珺，武汉大学媒体发展研究中心研究员、武汉大学新闻与传播学院副教授；胡文韬，武汉大学新闻与传播学院传播学硕士研究生；韦小婉，武汉大学新闻与传播学院传播学硕士研究生。

推动传统媒体和新兴媒体融合发展，是党中央着眼巩固宣传思想文化阵地、壮大主流思想舆论做出的重大战略部署。2019 年 1 月 25 日，中共中央政治局就全媒体时代和媒体融合发展举行第十二次集体学习，习近平总书记主持学习并发表重要讲话。总书记强调，要运用信息革命成果，推动媒体融合向纵深发展，做大做强主流舆论。① 媒体融合发展是传媒领域一场重大而深刻的变革，也是一个全新的课题。调研人员实地调研了湖北日报传媒集团（简称集团）、湖北广电这两家省级媒体，通过运用半结构化访谈和案例分析法，对湖北省省级媒体融合的发展现状、经验和困境进行了总结分析。湖北模式的有益实践将为深入推进媒体融合发展提供了有力支撑，为省级媒体融合发展提供了有价值的路径。

一 湖北日报传媒集团融媒体中心发展状况

近年来，湖北日报传媒集团通过平台再造、流程优化、资源要素整合，深入推进媒体融合，构建全媒体传播格局。2017 年 8 月，湖北日报融媒体中心成立，随后将湖北日报的客户端、微信、微博与荆楚网的网站内容建设归入融媒体中心，形成了内部小型的全媒体形态。融媒体中心推动《湖北日报》在内容生产、指挥调度、考核等方面逐步融合，整体上形成了一体策划、一体生产和一体考核的闭环。融媒体中心也促进了其他各中心、平台对全媒体生产的理解，并作为一个小分队，引导着集团大部队逐步转型。

（一）以项目制推动内部全媒体化

湖北日报融媒体中心现有人员 40 人，分为 4 个工作小组：视频组（13人）、微信组（4 人）、微博及客户端（15 人）、产品组（4 人，包括 2 名美

---

① 《央视快评：推动媒体融合向纵深发展》，央视网，2019 年 1 月 26 日，http：//m. news. cctv. com/2019/01/26/ARTInYCVAmPfcM7ARCyVLrEp190126. shtml，最后访问日期：2019 年 9 月 28 日。

工、1名产品经理、1名产品运营专员）及4名主任（如图1所示）。融媒体中心建立以后，重大主题报道基本以项目制的形式推进，即一个项目由一个部门牵头，其他相关部门参与协作。通过采取项目制，湖北省十一次党代会、外交部全球推介会等主题报道顺利在全网实现了传播，传播效果也得到了显著提升，增强了省级党媒的传播力和影响力。项目制横向打通了集团内部，使各中心、各平台间形成联动，推动了湖北日报传媒集团内部的全媒体建设。

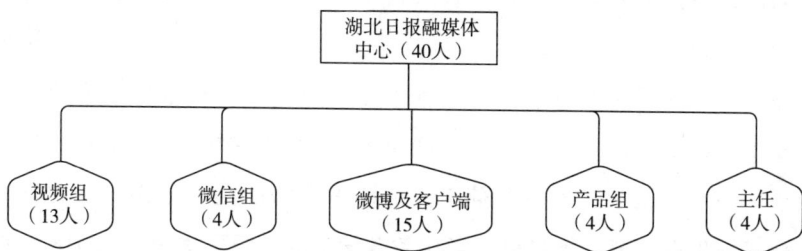

图1　湖北日报融媒体中心组织架构

资料来源：基于调研情况整理。

项目可大可小，目前最大的项目是外交部湖北全球推介会系列报道，该项目由集团副总编辑胡汉昌牵头，集团的经济新闻中心、融媒体中心、视觉新闻中心及《楚天都市报》、大楚网、荆楚网、大武汉、三峡分社、襄阳分社等共同参与，实现了跨媒体、跨平台的协作。在协作的过程中，经济新闻中心主出报纸的报道方案，融媒体中心主出新媒体全网传播的方案，大楚网、《楚天都市报》、荆楚网等提出它们想做的产品，最后进行统筹协调。

此间，设立了中央稿库和资源共享的平台，共享素材、文章及产品。参与该项目的各方既要领生产任务，也要领传播任务。各媒体、各平台从中央稿库中选取适合自己的内容，编辑后进行发布，形成了跨媒体、跨平台的"一次采集、多种生成、多元传播"的融合传播格局。此次协作使得分散在湖北日报传媒集团旗下几乎所有的平台及采编力量都被调动起来，大家围绕同一传播主题进行内容生产和传播，使推介活动成为社会关注点。

推介活动期间，湖北日报传媒集团生产出多个"爆款"产品。多条微信阅读量突破 10 万 +，其中原创微信文章《你好，我叫湖北！这是我的最新简历》以拟人化的风格，图文并茂地讲述湖北的发展状况。该篇文章总阅读量达到 110 万次，并被新华社、新浪、腾讯等近百家网站及客户端转载。原创视频《美丽长江我的家》被多个海外商会的华人华侨转发，点击量超 298 万次。在微博平台上，微博话题"湖北从长江走向世界"登上话题热搜榜前三位（非广告位）；由埃及留学生出镜的《埃及美女看湖北》原创视频点击量达 828 万次，转评赞共计 1710 次，并被 Facebook、Twitter 等社交网站转载。①

除了外交部湖北全球推介会这种大型项目，湖北日报传媒集团内部还有很多小型的项目，比如对"窝棚创业者"马伟的报道。"85 后"的马伟毕业于中国农业大学，是一名硕士。他辞去上海的高薪工作，回到家乡创业，种植纯生态草莓，被村里人当作教育孩子的"反面教材"。2018 年地方记者站的记者发现了这个新闻事件，写稿后上传到中央稿库。湖北日报融媒体中心的编辑看完文章后觉得很有意义，便于二次编辑后在微信发布，文章阅读量迅速突破 10 万 +。在采前会上，融媒体中心分享了该新闻事件，并提议跟进报道，做全媒体传播。随后，湖北日报传媒集团的记者、编辑与地方记者站合作，对马伟进行了专访并直播，并将报道在《湖北日报》、湖北日报官方微信、湖北日报官方微博、湖北日报网、湖北日报新闻客户端（简称报、微、网、端）等多平台发布，进行多媒体呈现。创业者马伟的融媒体报道取得了较好的传播效果，其中《没有膨大剂的草莓如何野蛮生长？》直播吸引了 30 多万人次观看，很多网友加了马伟的微信，还有企业老总"四顾窝棚"邀他出山，短短几天，草莓就被全国各地的网友抢摘一空。②

项目制还可以解决集团内部各中心选题"撞车"的问题。在一次编辑

---

① 胡汉昌、韩炜林、张小燕、陈博雷：《融媒时代重大主题报道的媒介传播策略——以外交部湖北全球推介活动报道为例》，《新闻前哨》2018 年第 9 期。

② 张磊：《以融媒体讲述"窝棚创业者"的故事》，《传媒评论》2018 年第 5 期。

部的月度调度会上，融媒体中心提出想做"一江清水看中游"的主题报道，视觉新闻中心和文化新闻中心也表示想做该报道，与会的集团老总便决定让这些中心组成报道团队共同作业。该主题的系列报道通过图文报道、直播、短视频、网络专题等形式在报、微、网、端等多平台呈现，累计发稿100多条，综合点击量超过1000万次。[①]

（二）全媒体建设推动重大主题报道

融媒体时代，重大主题报道需继续立足主题内涵，依托先进技术，创新传播思路，发挥媒体融合联动优势，以优质的内容、新颖的手段开创主题宣传的新局面。[②]湖北日报传媒集团针对重大主题报道，创新报道的内容形式，制作出一系列优质作品，提升了重大主题报道的传播效果。到目前为止，湖北日报客户端累计装机量达到500多万，湖北日报网月均页面浏览量（PV）2640万次、访问量（UV）600万次，湖北日报官方微博用户348万个，官方微信用户96万个。2018年，湖北日报、微、网、端平台月均原创文章量达到了3500多条，共有400多条文章阅读量超过10万次，34条文章阅读量超过100万次，单篇文章最高阅读量达到2195万次，单个话题总阅读量达到7.4亿次。全年共制作H5、动图、数据新闻、互动小游戏等新媒体产品300多件，生产发布各类短视频产品2000多条，开展视频直播138场，总观看量超过1亿次。

1. 融媒体新闻产品：《他的日记为啥被国家博物馆收藏》

湖北日报传媒集团的记者和编辑前后方策划、采访并制作发布了融媒体新闻产品《他的日记为啥被国家博物馆收藏》，讲述了李江陵的扶贫故事。该产品通过报、微、网、端一体化报道，引发强烈反响，荣获第二十九届中国新闻奖三等奖。李江陵的扶贫故事经湖北日报传媒集团的多平台

---

① 刘申、谈牧：《融合背景下重大主题报道影响力提升之道——以湖北日报"一江清水看中游"系列报道为例》，《新闻前哨》2018年第6期。

② 徐峰、安景璐、张丽萍：《重大主题报道的融媒体传播创新实践——基于库布齐沙漠治理报道的分析》，《新闻战线》2018年第20期。

融合报道后，湖北省委、省政府将李江陵作为"榜样湖北"典型予以肯定并推广。

（1）前后方联动生产

记者通过实地采访李江陵和村民得到了大量的图片、音频、视频，了解到他在进驻村里后坚持每天写工作日志、民情日记、学习笔记，2017 年 2 月底至 7 月初，他就写了 2 万多字。记者把得到的一手资料分享给后方编辑，大家一同策划、反复推敲，最终将采访的内容制作成融媒体新闻产品《他的日记为啥被国家博物馆收藏》。

（2）形式新颖，多媒体呈现

作品通过日记的方式呈现，并综合采用了文字、图片、音频、视频等形式，将李江陵的原声和日记融入作品。读者在浏览作品时，左右滑动屏幕，可以实现日记翻页，既可以看到图文故事，也可以听音频故事、看视频故事。作品中还将网友的评论以弹幕的形式滚动播放，并以书签的形式呈现了习近平总书记关于打赢脱贫攻坚战的金句，浏览者点击金句可生成精美书签，并能保存成图片分享到社交媒体平台。这种形式增强了作品的交互性。

（3）宏观视角与微观视角结合的叙事方法

该作品从大处着眼、从小处入手，既有宏观的视野，也有微观的叙事。作品一开始介绍了宏观的时代背景，指出 2018 年是打赢脱贫攻坚战三年行动的起步之年，湖北省委、省政府将脱贫攻坚作为"头等大事"和"第一民生工程"。随后从小处着手，通过李江陵日记里记录的一件件事，讲述驻村干部的扶贫故事。作品通过文字、图片和音视频呈现了李江陵为留守儿童找到"爱心妈妈"、帮助村里留守妇女就业、带领村里贫困户脱贫等事迹，生动形象地展现了驻村扶贫干部的情况，道出了广大扶贫干部的心声。作品运用宏观视角和微观视角相结合的叙事方法，充满温情，拉近了典型宣传与群众的距离。

2. 融媒体视角下的 2019 年两会报道

（1）形式创新：运用九宫格、Vlog 等

新媒体迅速发展，视觉文化逐渐成为信息传播的重要形式。基于此，

湖北日报传媒集团在两会期间创新报道形式，运用网红九宫格制作了"两会点点看"系列融媒体产品。"两会点点看"系列产品，远看是九张图拼出的花朵或大字，仔细看会发现是一张张代表委员的照片或乡村发展图片，点开图片还有详细的文字介绍。

3月8日是三八国际妇女节，当天用九宫格的方式推出了"她关注"篇，选用8位女代表委员的图片拼出了一朵玫瑰花。作品发布当天，微博、客户端等平台总点击量迅速突破10万次，微信朋友圈也被迅速刷屏。①

除了运用网红九宫格，湖北日报融媒体中心还通过与微博合作，向广大青年网民进行内容分发，推出了@湖北日报官方微博#两会Vlog#版块，深受"95后""00后"欢迎，首发的3条两会Vlog，阅读量突破了10万+。② 湖北日报融媒体中心还采用图文直播、H5、抖音等多种形式，推出了一系列新媒体产品。

（2）流程创新：搭建融媒体报道矩阵

2019年全国两会报道中，湖北日报传媒集团传统媒体和新媒体在内容生产方式上深度融合，组织精兵强将联动成为"融团队"，前后方无缝对接形成强大的融媒报道矩阵。3月6日举行了两会期间的湖北代表团开放团组会，会议开始前半个多小时，湖北日报传媒集团新媒体矩阵立即进入直播状态，报、微、网、端四大平台同步进行了3小时的图文直播。③

（3）多渠道传播

湖北日报传媒集团一方面在自有的报、微、网、端等平台传播两会新媒体产品，另一方面积极与今日头条、腾讯、一点资讯、人民日报全国党媒平台等第三方平台合作。湖北日报微博开设的#全国两会湖北时间#微话

---

① 陈博雷、李艳琼：《"九宫格"，两会报道可视化传播新探索》，《新闻前哨》2019年第4期。
② 《新老朋友，陪你一起看两会》，湖北日报电子版，2019年3月5日，http：//hbrb. cnhubei. com/html/hbrb/20190305/hbrb3320162. html，最后访问日期：2019年9月28日。
③ 陈博雷、周三春：《守正为本创新谋进——2019全国两会湖北日报融合报道解析》，《新闻前哨》2019年第4期。

题，实时滚动更新，截至目前话题阅读量已突破 1334.6 万次。①

3. 老英雄张富清的新媒体报道

湖北日报传媒集团采用文字、图片、视频等多种形式报道老英雄张富清的感人事迹，并在报、微、网、端等自有平台以及今日头条、腾讯等第三方平台上分发系列报道，引发强烈反响。《重磅！习近平对湖北这位95岁老人事迹作出重要指示！他把一个秘密藏了64年！》一文在微信、今日头条等平台发布后，被推荐 1070 万次，阅读量达 115.5 万次，网友评论2077 条，点赞 3.3 万次（创湖北日报传媒集团的历史纪录）。文章被央视网、中国台湾网、中国军网、中国经济网、中国广播网、中青在线等各大主流媒体转载，并被省网信办要求广为推送，全省主流媒体都进行了转载。

二 "长江云"：湖北模式的创新发展

湖北省"长江云"② 媒体平台是我国媒体融合转型升级的典型案例，在区域性主流媒体中起到了引领和示范作用。目前，"长江云"平台综合用户9500 万个，中宣部等部门还以"长江云"为蓝本，制定了全国县级融媒体中心建设的省级平台标准。

（一）"长江云"的移动化转型

1. 打造平台意识

2014 年 12 月，湖北广播电视台（集团，简称湖北广电）官方客户端"长江云"正式上线。2016 年 2 月 29 日，湖北省委常委做出决定，在湖北广播电视台新媒体云平台的基础上，建设"覆盖全省、功能完备、互联互通、运行通畅"的"长江云"移动政务新媒体平台。2017 年，"长江云平

---

① 陈博雷、周三春：《守正为本创新谋进——2019 全国两会湖北日报融合报道解析》，《新闻前哨》2019 年第 4 期。

② "长江云"是湖北广播电视台（集团）为适应互联网时代传媒业发展新态势、加速推进媒体深度融合发展而建成的融媒体云平台。王洪杰：《长江云平台架构分层简析》，《有线电视技术》，2019 年第 4 期。

台生态型发展规划"出台，自此，湖北广电开始了从建设"平台化"媒体迈向打造"生态化"媒体平台的优化升级阶段。以"新闻＋政务＋服务"为驱动力，构建媒体生态系统，实现信息媒介万物生长。2018 年 8 月后，发展重点又从"长江云"平台的打造转向县级融媒体中心的建设，这一建设是依托"长江云"进行架构的。"长江云"媒体平台在不同阶段制定不同的发展战略，由产品型到项目型，再到平台型，最后到生态型，实现了阶梯式优化升级。

"长江云"建设云上系列遵循"一地一级一端"的原则，目前，"长江云"已建成 120 个云平台，包括 1 个"长江云"省级平台与"云上恩施""云上襄阳""云上赤壁"等 117 个市县级云上系列平台，以及湖北省纪委监委等 3 个省直属厅局的云上系列平台。在"长江云"这一平台上，不仅能发布最新的新闻报道，还能输出多种产品，如舆情产品、服务产品等。

2. 体制机制创新

在不同发展阶段，"长江云"不断进行着组织架构的调整。根据"长江云"2019 年新媒体集团发展战略规划，并结合事业部管理模式，现已建有"长江云"新闻中心、"长江云"大数据中心、"长江云"平台事业部、交互式网络电视（IPTV）事业部、政企事业部、内容运营事业部、云创融媒工作室、产品研发事业部、行政中心、投资财务部、技术运维中心 11 个部门。

除日常的新闻报道工作外，政务和服务也是"长江云"媒体平台的重要发力点。"长江云"媒体平台致力于打造覆盖省、市、县三级的移动政务大厅，提升全省政务信息公开移动化水平。目前已有 2220 家党政机关入驻，与 37 家省直属厅局进行深度政务服务合作，承建 9 个"智慧湖北"信息化建设项目，提供网络问政和舆情服务。因此，2000 多名记者除了日常报道，还肩负舆情报道任务，拓展自身的传播阵地。此外，"长江云"通过推进多样化民生服务融合发展，打通 42 类 152 项民生服务接口，提升了客户端的可用性。

3. 生产流程再造

在内容上，"长江云"融媒体新闻生产云平台是其核心技术平台。通过搭建"中央厨房"和云稿库，"长江云"媒体平台的新闻内容生产实现了一次采集、多样编辑、多种产品、多端分发，还可以将重大信息一键多终端推送，将敏感信息一键框选进行删除，从而有效管控舆情。其中，包括标配频道、共享专题、全媒行动、联动直播、创意表达五种传播形态。"长江云"内容生产团队生产的内容可以通过后台直接嵌入省市县所有云上系列客户端。针对重要活动或重大主题宣传内容，"长江云"会整合各类资源，进行集中策划，目前有入库共享专题795个，开展全媒体融合行动439场，极大提高了社会关注度和参与度。

在运营上，各个云上系列广告资源位的使用是相通的。2018年5月17日，在首届"长江云"共享大会上，"长江云"平台运营合作体成立，并表决通过了《长江云平台运营合作体章程》。"长江云"通过云上运营合作体，实现资源共享、红利共沾、地方利益最大化。通过采取积分制的方式，一方面可以将积分转换为政策红利，另一方面广告宣传相互帮扶、相互支持，可以通过积分交易，实现虚拟空间的资源置换。

在技术上，"长江云"以开发统一标准模板、开放接口的形式，在全省低成本快速复制。运用"长江云"新媒体云平台可以快速生成一个具有网站、客户端、微信、微博、微网站于一体的移动化产品群。为了确保平台的安全性和可控性，"长江云"联合阿里、腾讯、百度等11家全国顶级信息单位成立了信息安全研究院，将国内顶尖技术结合起来，运用到技术研发工作中，打造集成式技术平台，从而支撑平台中各模块的快速迭代，也能在各家分别存储信息，形成了一个安全的体系。

（二）以"直播＋商务"为抓手，提升主流媒体自我造血能力

新媒体时代，传统媒体的广告收益持续下滑，探索新的盈利模式、拓展广告之外的收入来源是传统媒体转型的必然选择。其中，"直播＋商务"模式可以被视为突破困境的方式之一，通过延伸传统新闻媒体的边界，创造更大的想象空间。目前"长江云"的盈利模式主要是政府购买，将商务模式与政务对接，通过为政府提供政务服务来造血。例如，为各级政府部

门提供信息化建设的服务，代运营政府微信公众号，进行移动端建设，打造舆情产品，交互式网络电视等。其盈利产品主要包括移动产品、舆情产品和新媒体业务产品三大类。但总体来说，目前自我造血能力仍然不足，平台转换率不高，广告效果有限，商务还需要一段时间来培育。"长江云"媒体平台急需增强"造血"功能，找到盈亏平衡点。

自 2016 年以来，秀场直播、游戏直播以及泛生活类直播如雨后春笋般蓬勃发展。截至 2019 年 6 月，我国网络直播用户规模达 4.33 亿。[①] 借助移动直播技术，掌握移动直播端，不仅能提升主流媒体的影响力，还能提升自我造血能力。将来，"长江云"媒体平台的盈利模式是基于数据库建成后的电商模式，从而保证既能由政府输血，也能自我造血。基于此，"长江云"通过打造"直播 + 商务"，进行了一系列尝试，联动直播是其主要传播形态之一。从 2018 年 9 月至今，"长江云"已经进行了 14 场大型扶贫直播，从江汉平原到雪域高原，从恩施峡谷到秦巴山脉，从清江画廊到赛里木湖，"长江云"直播团队克服了气候恶劣和交通不便等困难，累计行程超过 10 万公里，用实际行动践行"四力"（脚力、眼力、脑力、笔力），体现了主流新媒体的责任担当。其中典型案例有"百天千万扶贫行动"及"文县花椒直播"。

"百天千万扶贫行动"是由湖北广播电视台、湖北省农业农村厅、湖北省扶贫办联合主办，"长江云"和垄上传媒承办的新型脱贫攻坚助力活动。此次活动以"长江云"平台县级融媒体中心为执行依托，以京东、淘宝、有赞等电商为销售平台，采用"主题宣传 + 新闻故事 + 扶贫代言 + 互动直播 + 大型活动 + 电商销售"的新模式，从 2018 年 9 月至 2019 年 1 月，精心策划了销售红安苕、丹江口翘嘴鲌、恩施玉露、秭归脐橙、新疆香牛等产品的全媒体直播活动。"百天千万扶贫行动"不仅收获了较广泛的社会影响，还取得了引人注目的经济效益。截至 2019 年 8 月已经完成了 12 场扶贫

---

① 第 44 次《中国互联网络发展状况统计报告》，中国互联网络信息中心，2019 年 8 月 30 日，http://www.cnnic.net.cn/hlwfzyj/hlwxzbg/hlwtjbg/201908/t20190830_70800.htm，最后访问日期：2019 年 9 月 28 日。

直播，累计点击量超 9000 万次，农产品累计销售金额过 2000 万元人民币。"百天千万扶贫行动"参与人员之多元、扶贫效果之显著、社会反响之热烈超出了预期，真正实现了"全程、全息、全员、全效"扶贫。该公益行动切实地推进、真心实意地付出，在"因爱同行"2018 网络公益年度总结发布活动中荣获"年度优秀传播项目"奖，还荣获第二十九届中国新闻奖媒体融媒奖项"融合创新"类二等奖，成为湖北省融媒体传播助力扶贫攻坚的一次成功尝试。2019 年 7 月 22 日，中国记协联合"长江云"推出《"椒"个朋友吧》大型助农直播，通过"直播＋电商＋网络课堂"的形式，让甘肃深度贫困县——文县的农产品走出大山。在 90 分钟的直播期间，全网总点击量突破 1164 万次，线上促成农产品销售额超 8 万元人民币，线下促成花椒大宗采购 2300 斤，实现了传播量和销售量双丰收。

"长江云"立足当前脱贫攻坚工作大局，以"直播＋商务"模式创新主题宣传，着力帮扶贫困县解决农产品上线难问题，将扶贫宣传真正落到实处，真正实现了"全程、全息、全员、全效"扶贫，将当地的资源优势转化为产业优势和经济效益。网络直播凭借其低门槛、低成本、观众群体广的特点，在移动互联网占有重要地位，直播带来的巨大社会影响和可观的经济收益不可忽视。因此，"直播＋商务"模式是传统媒体在移动化转型过程中实现自我造血的有效方式。"长江云"作为区域性主流媒体的代表，拥有较强的权威性和公信力，这意味着"长江云"不仅是一个新闻媒体平台，还是一个流量聚合平台，这是商品销售的基础。"直播＋商务"模式的探索，可以将媒体的公信力与直播的便利性、广泛性相结合，提升商品的销售量，深度推进媒体融合，探索主流媒体盈利新模式。

1. 多端多屏宣传，实现商品立体化呈现

"长江云"充分发挥融媒体传播的新优势，联合央视矩阵号、新华现场云、斗鱼直播、京东公益、腾讯视频及全省 120 个云上客户端同步直播，打造立体化传播矩阵，有效提升了报道的影响力和传播力。"长江云"作为"百天千万扶贫行动"及"文县花椒直播"的内容和技术枢纽，通过集中策划、多元分发，实现了全媒体直播、大小屏共振，通过文字、图片、音频、视频等手段最大限度地进行信息的多元传播。"长江云"还打破区域和媒体自身局限，联合湖北广播电视频道和各地电视台共同宣传推广，央媒和省、市、县、海外媒体同步跟进，大屏小屏联动，直播结束后将当天直播实况、现场实景以适合大屏的方式剪辑编排，进行二次传播，通过航拍、VR等新媒体技术手段再现了直播地区的生活场景和文化背景，通过新媒体和传统媒体联动，实现传播效果的倍增效应。"直播+商务"模式打破了传统平面化、单向性的商品销售方式，通过多端多屏立体化宣传，将商品立体式、全方位地展现给用户，产生集约效应，从而有效提升传播效能。

2. 语境化的传播内容和多样化的互动，提升用户的亲近感

在移动直播过程中，社交化与移动化的紧密联系尤为重要。移动化意味着在内容产品中增加更多的社交元素和关系黏性，使社交成为内容的生产与传播动力。① 在100多天里，"长江云"拿出五千多万元人民币的广告资源为贫困地区的农副土特产品和手工艺品进行宣传，通过网络投票提高全社会对湖北名优土特产品的关注，并与京东联合推出"长江云"扶贫馆，最大限度地覆盖消费人群。2018年10月17日国家扶贫日当天，"长江云"在红安县开设挖苕大赛直播专场，现场寻找"苕王"，直播评苕、烤苕、吃苕；直播中开放互动，观看的网友可参与现场抽奖，赢取红薯特产。当天直播2小时便实现销售额52万元人民币，全天网络累计销售额达63.5万元人民币。

"长江云"联合新疆博州电视台，在零下20摄氏度的极寒天气里进行了一场跨越8000公里的网络直播，推介新疆的天莱香牛等特产。新疆和武汉两个直播现场累计直播时长达5小时，让网友们在领略壮阔天山雪景的同时，了解了新疆的赛马、叼羊等风俗活动及牧民们的幸福生活，对当地的历史环境和现实生活进行了语境重置。在直播过程中，来自湖北的援疆干部讲述了几十年来湖北人在新疆工作的感人故事，体现了鄂博两地人民深厚的情谊。这场直播全网点击量突破1200万次，累计销售额过百万元人

---

① 彭兰：《移动化、社交化、智能化：传统媒体转型的三大路径》，《新闻界》2018年第1期。

民币。

在"文县花椒直播"中，"长江云"首创了"系列直播＋电商销售＋网络课堂"直播模式。在前期策划过程中，围绕文县花椒的"椒"字，制作了"'椒'个朋友吧""人比花'椒'""我为家乡'椒'傲"等一系列带有"国潮"风格的代言人海报，用户在朋友圈等社交媒体以九宫格形式纷纷转发，为直播活动预热造势。2019年7月22日，在"文县花椒直播"的武汉分会场，直播团队带着花椒样品五天内走访了数十家餐饮企业，依次进行推广介绍，邀请知名大厨现场展示花椒菜品，实现了从原产地到餐桌的全过程展示，给网友带来了一场色香味俱全的直播。在甘肃直播现场，"长江云"以网络课堂的形式，邀请种植专家为农民授课，解答花椒种植中的问题和难点。

在移动互联网时代，"场景"指的是基于特定时空下，即具体场景下的个性化传播和服务。[①] 这种场景生活化的直播，提升了用户的在场感和参与感，能够潜移默化地感染用户，用户可以随时提出任何与商品相关的问题，与商品销售者直接实时沟通。这种多样化场景的构筑，必然带来更广泛的消费体验和消费行为。

3. 全程参与，全员上阵，深度聚合

从扶贫行动发起开始，"长江云"全程参与行动的各个环节，做扶贫的参与者而不仅是传播者，并对整个行动进行全记录。作为区域媒体生态平台，"长江云"连接一切扶贫资源，突破传统媒体较为单一的信息传播功能，集宣传、销售、运营、数据分析、产品运营等多方位的功效于一体，为脱贫攻坚发挥聚合作用。此外，"长江云"与各机构、社会组织、商业媒体等合作，邀请了一大批知名企业家、艺术家、体育明星为活动代言，取得了巨大的社会反响。12月4日直播"秭归脐橙"活动，选择让被誉为"小林志颖"的创业先锋网红郑云波来做直播，共吸引752万网友的关注与参与，累计实现销售量20万斤。以"网红"为活动代言，其自身魅力成为

---

① 彭兰：《场景：移动时代媒体的新要素》，《新闻记者》2015年第3期。

促进商品销售的附加信息，与虚拟在场的"网红"实时交流增强了用户对商品可靠性和亲近性的感知，真正实现了"舞台即卖场"的传播效果。

当前最主要的直播技术是 4G 直播技术，但人们的实际需求和 4G 技术所能提供的服务之间仍然存在着巨大的差距，[①] 第五代移动通信技术（Fifth generation mobile communication network，5G）在海量移动数据爆炸式增长的环境下应运而生，它将有效改善直播时网络传输不稳定、画面延迟、视音频不同步等情况。作为面向 2020 年后的新一代移动通信系统，5G 将打造一个广带化、泛在化、智能化、融合化、绿色节能的网络，4G 时代形成的媒体生态将可能再一次被颠覆。[②] 在全国改革浪潮风起云涌之际，主流媒体如果想继续保持引领性地位，继续走在前列，唯一的出路就是推进媒体的深度融合，而 5G 技术的未来发展方向有着与媒体融合相一致的目标，将为"直播＋商务"模式的发展赋能。

三　结论

本文的研究表明，省级媒体的融合转型仍面临着资金、技术、人才的争夺，体制机制上的束缚太多，传播效果与市场规模仍不匹配，自我造血能力明显不足。在与资金雄厚、用户基础坚实的第三方商业媒体平台竞争时，要做大做强主流媒体的自有阵地，唯一的出路就是不断推进媒体的深度融合，但目前尚有以下不足。

第一，技术和人才基础支撑不足。区域性主流媒体在体量上与央媒存在很大的差距，因此很难有自己的技术团队。技术投入需要大量的资金做支撑，但作为区域性主流媒体，资金远远不够，这导致其在与大型商业平台竞争时处于劣势地位。一方面，湖北日报传媒集团缺乏技术生态和学习

---

① MA Zheng et al. , "Key techniques for 5G wireless communications: network architecture, physical layer, and MAC layer perspectives," *Science China* (Information Sciences), 2015, 58 (04): 5 – 24.

② 韩春苗:《5G 时代与媒体融合》，《新闻战线》2017 年第 21 期。

环境，面临招收技术人员非常困难的问题；另一方面，由于媒体对技术的需求有自身的特殊性，在技术外包的过程中，常常面临大公司觉得单子太小、小公司技术力量又不够的问题。"长江云"的技术模板主要是外包给思拓、亚信，靠外面的公司做技术架构和整体的支撑服务，在进行云上系列建设时，有的地方经常反应跟不上一线技术。在人才引进方面，湖北日报传媒集团缺乏复合型人才，"长江云"媒体平台缺少高赋能、高价值和能带动资源、能给平台带来革命性的升级和转变的人才，团队人员内部转岗很难，外招的人员又无法符合团队要求。另外，在推动区域性平台建设和发展过程中，领导人的个人素质对融媒体中心的发展至关重要。

第二，政策制度基础不完善。湖北省级媒体仍然面临媒体融合顶层设计、建设机制不健全的问题，这导致过去的管理模式和现在的发展状况不匹配。对于湖北日报传媒集团而言，网络视听许可证的问题、热点事件报道"一刀切"的管理方式，专项资金的申报使用等问题有待解决。同时，如何定位"长江云"与"楚天云"①的关系，如何定位省级几大媒体的关系，这些战略布局仍然不够成熟，这种状况将阻碍"长江云"进一步探索"共建共享"的建设机制。

第三，传播力有限，盈利能力不足。同大型网络科技公司相比，区域性主流媒体常常面临缺少用户基础的问题。依靠政府强推和优质活动宣传虽然能带来一定的用户，但总体上用户黏性和忠诚度不足，且生长空间较小。这也将直接导致传统媒体自我造血能力不足。湖北日报传媒集团虽然生产出了很多优质的重大主题报道融媒体作品，但在报道经验的总结方面较为欠缺。现在全省的数据化基础尚未成熟，而"长江云"的核心竞争力在于对政务数据资源的把控，只有打通全省数据才能建成移动政务新媒体平台，提升传播力。

总体来看，省级媒体平台整体发展态势向好。在重大主题报道上，内部机动灵活的项目制横向打通了集团内部的资源，使得各个中心、平台间

---

① "楚天云"是湖北省委省政府加快"智慧湖北"建设的重大工程，是集云计算、大数据于一体的全省统一云基础设施综合服务平台和数据交换枢纽平台。

形成联动，实现了内部全媒体建设，提升了重大主题报道的传播效果。在移动互联网发展布局上，它们正在探索以"直播＋商务"为突破口的新盈利模式，不断拓宽传统媒体的发展空间，这样做不仅能提升主流媒体的影响力，还能提升自我造血能力。从内部来看，省级媒体资源的不断融合，能够克服体制机制障碍，推动集团层面甚至地方层面的系统改革。内部全媒体虽然取得成效，但从融合转型的长期目标看，这只是权宜之计。项目制可以作为引导集团大转型、大改革的基础，而最终的目标必须是系统改革。从人才队伍来看，目前在融合平台整体构成中年轻人居多，他们有活力和创造力，是平台发展的新鲜血液。但与此同时，一旦平台缺乏富有经验的新闻传播从业人员，便会导致内容生产，特别是对涉及全局的大题材的报道能力不足、创新乏力。因此，人才建设不可只重增量、忽略存量，还需要更进一步相互借力、相互启迪，最终达到优势互补。从5G等新技术发展趋势来看，需要加快部署全面移动化的发展规划，尤其是在视频化、视听优化、数据库等功能建设方面，要加快布局。省级媒体是跨联中央和县域的连接点，省级媒体融合转型更迫切地需要打破条块分割的体制壁垒，激活区域媒体的平台效益，通过重建社会连接全面提升"四力"。

（感谢武汉大学 2019 级研究生李泽坤所做的文字和格式校对工作）

"轻资产、重功能":中西部县级融媒体中心建设模式探索[*]

——以湖北省赤壁市融媒体中心建设为例

张雪霖[**]

摘　要： 县级融媒体中心建设的最终目标是"引导群众、服务群众",而不是"大屏幕、大平面、大机构、大技术"等简单的物理呈现。基于深度访谈与参与式观察等质性研究方法,研究发现湖北省赤壁市融媒体中心探索出来的"轻资产、重功能"模式,用较少的资金,实现了适合需求的技术骨架的搭建和运维。同时,该中心对体制机制、内容生产、组织机构、策采编播发流程再造、产业经营模式做出改革,并激活网络问政功能,开始从简单的"物理相加"向"实质融合"转变。赤壁市探索"轻资产、重功能"模式对广大中西部地区县级融媒体中心建设具有借鉴价值。

关键词： 县级融媒体中心　媒体融合　"中央厨房"　技术

＊ 本文为 2019 年度湖北省社会科学基金重点项目《推进我省媒体深度融合发展研究》(HBSK2019ZD009)的阶段性成果。

＊＊ 张雪霖,武汉大学新闻与传播学院副研究员、硕士生导师,博士,研究方向:媒介社会学与网络传播。

一　引言

县级媒体是党的新闻舆论工作的重要阵地，是地方党委和政府的重要执政资源，是引导群众、服务群众的重要平台，在基层治理中发挥着重要作用。为防范乡村社会基础"空心化"的风险，应对地方自媒体的冲击，重新夺回基层舆论阵地，打通传播的"最后一公里"，县级融媒体中心应运而生。在 2018 年 8 月 21～22 日召开的全国宣传思想工作会议上，习近平总书记强调："要扎实抓好县级融媒体中心建设，更好引导群众、服务群众。"9 月 20 日，中宣部进行整体部署，要求到 2020 年底基本实现县级融媒体中心的全覆盖。自习近平总书记提出建设县级融媒体中心以来，全国各地县级融媒体中心的建设呈现迅猛发展态势。

在中央做出部署之前，部分地区已进行了县级媒体融合的探索，但尚未引起学界的重视。2018 年以来，县级融媒体中心建设开始成为学界与业界探讨的热点议题。总体而言，县级融媒体中心研究还刚起步，大多为从业人员对实践经验的描述和总结（刘勇、沙垚，2018；吴晓剑，2018；何可一、邬金刚，2019），理论性较弱，缺乏宏观视野。但也有一些学者尝试从学理层面分析县级融媒体中心发展的现状、模式、路径与问题（朱春阳，2018；张诚、朱天、齐向楠，2018；沈阳、闫佳琦，2018；陈国权，2019；李彪，2019；谢新洲等，2019；喻国明，2019；滕朋，2019；方提、尹韵公，2019）。目前，对县级媒体融合的研究还比较薄弱，与实践需求有较大差距，从国家战略的高度推进县级融媒体中心的研究十分迫切。由于我国区域发展不平衡，县级融媒体中心的建设也存在区域差异，也应分类探索。

江浙等东部发达地区对县级融媒体发展"大而全"模式——"大屏幕、大平面、大机构、大技术""全领域、全时段、全人员、全媒体"的探索，漂亮的"中央厨房"的建立，炫目的数据处理，是建立在坚实财力基础上的，离不开经济基础和产业支撑。那么，对于广大的中西部农业型地区，在有限的人力、物力、财力条件下，如何推进县级融媒体建设？县级融媒体中心建设的最终目标是"引导群众、服务群众"，而不是"大屏幕、大平面、大机构、大技术"等简单的物理呈现。

赤壁市融媒体中心是全国首批59家试点之一，也是中宣部重点联系示范点之一（全国只有10家），探索出了一条以"轻资产、重功能"为思路的县级融媒体中心建设路径。赤壁市是湖北省咸宁市下辖的一个县级市，总人口53万人，其中城区常住人口26万人，属于典型的中西部县城形态的城市，其探索的县级融媒体中心模式对大部分中西部地区具有借鉴意义。2019年8月23～30日，笔者赴湖北省多个县级融媒体中心做田野调查，基于深度访谈与参与式观察等质性研究方法，获得丰富的一手资料，本文的素材全部来源于此。

二 构建全媒体传播矩阵：赤壁市媒体融合分两步走

赤壁市的媒体融合工作大致可以分两步走，第一阶段从2003年到2016年，逐步实现不同媒体机构与资源的整合，但此阶段还只是停留在简单的"物理相加"，尚没有实现实质融合。第二阶段开始于2017年1月，当时的赤壁广播电视台迎来新台长彭志刚。他从中央的指示和习近平总书记发表的系列讲话中，体会出媒体融合的发展趋势，并从赤壁的实践出发，开始推动赤壁广播电视台的一系列融合改革。

（一）媒体机构整合走在中央部署前面：2013～2017年

2003年全省撤销县级报纸，《今日赤壁报》刊号被撤，但没有停办，由赤壁广播电视台接管，作为内部刊物保留。2004年1月，赤壁网成立运营。2010年赤壁政府网被从市政府办公室移交赤壁广播电视台运营。2014年12月，赤壁电视台开通微信公众号。2015年7月，赤壁手机报正式上线。2016年9月，依托省级"长江云"平台建设的"云上赤壁"移动客户端上线。至此，赤壁市已完成赤壁电视台、赤壁人民广播电台、《今日赤壁报》、云上赤壁客户端、赤壁网、赤壁政府网、赤壁手机报等媒体机构的整合。

（二）媒体融合转型的自主探索：2017 年至今

2017 年 1 月，彭志刚到赤壁广播电视台后，看到了传统媒体生存与发展的危机，传统的广播无人听，电视无人看，服务地方党委政府中心工作大局的能力跟不上，服务人民群众的能力跟不上。在这种情况下，赤壁广播电视台开启了自主改革的进程，具体做法如下。（1）原总编室停摆，从几个平台抽调人员组成策划编审工作小组，目的是加强策划，围绕市委市政府中心工作和群众需求与关切事项定主题。（2）激活新媒体的功能，打通传统媒体与新媒体。从 2017 年下半年开始，通过技术上的改变，将赤壁广播电视台生产的广播和电视产品上线到"云上赤壁"，可以用手机收听收看。（3）2018 年初，改变产品的生产流程，对内容生产进行流程再造，提出"一个班子策划、一支队伍采写、多个平台编发、多种媒介传播"。当时还未采用智能化的采编系统，主要是通过 QQ 群和微信群上传文章，基本上能够满足流程再造的需求。

（三）构建"一中心、八平台"的全媒体传播矩阵

2018 年 7 月 23 日，赤壁市融媒体中心挂牌成立，建成"一中心、八平台"的传媒矩阵，早于 2018 年 8 月 21 日召开的全国宣传思想工作会议近一个月的时间。2019 年 6 月 18 日，"双微矩阵"平台正式上线。目前，全市 31 个账号入驻，其中 21 个已授权运营，"双微矩阵"正在重构赤壁正面舆论传播格局，实现从"独唱"到"合唱"的转变。2019 年 7 月 1 日，开通"赤壁融媒体"抖音号、今日头条号。

三 管理体制与机制改革：单位属性、组织再造与薪酬激励机制

（一）单位属性：二类单位性质，争取一类保障

赤壁市融媒体中心 2018 年 7 月 23 日正式挂牌成立，为赤壁市委直属正

科级公益二类事业单位，归口市委宣传部领导。赤壁市委把推动媒体融合发展列入深化改革的重点突破项目，成立以市委书记为组长、宣传部长为常务副组长的媒体融合改革发展工作领导小组，制定媒体融合改革工作方案，明确目标任务，细化改革内容，落实部门职责，强化工作调度。赤壁融媒体中心虽然被界定为公益二类事业单位，但向市委市政府争取了一类保障机制。市政府在原有69个事业编制的基础上，增加11个事业编制，使总数达到80个。市财政也通过逐年增加预算，全力保障融媒体中心的基本运行经费。2017年，财政投入资金720万元人民币，2018年达到1000万元人民币。

（二）组织再造：改革以媒体属性设定部门的机制

在2017年以前，赤壁广播电视台虽然管理运营了多个媒体平台，但媒体之间只是简单的相加关系。电视台、广播电视台、网站、报纸等多个部门，各有各的采编流程，各做各的媒体产品，采编业务部门存在岗位设置重复、资源利用不充分等问题，造成了资源浪费和效率低下。从2017年初开始，通过打破原有以媒体属性来设定部门的建制体系，按照做强宣传主业、搞活经营发展、做优后勤保障的思路对组织机构进行重构和优化。整合全媒体资源，设立调度指挥中心、大采访中心、大编辑中心、技术保障中心，组建赤壁广播电视台传媒有限公司，合并精减机关行政人员，成立行政综合服务保障中心。

（三）薪酬分配：绩效考核机制

在薪酬激励与绩效考核方面，对于编制内人员的考核，为增强绩效考核工作的针对性和时效性，重点考核共性工作目标责任和岗位工作目标责任，月考核实行"双百分制"评分：共性工作目标责任为100分，岗位工作目标责任为100分。"双百分制"考核，从共性工作目标责任与岗位工作目标责任的各项指标上看，主要是一种扣分制消极性考核，从年终考核结果来看，不同人员的收入分化并不大。虽然在绩效激励导向上，争取实现

"拉大同一岗位上的收入差距，缩小编内和编外人员的收入差距"的目标，但是目前还没有找到合适有效的激励制度。赤壁融媒体中心自 2017 年融合改革以来，人员的思想和心气发生了很大变化，人员的积极性得到提高，组织的活力得到增强。绩效考核其实只是辅助手段，更为关键的是一位专业而敬业的新领导，给广播电视台带来的一系列体制、机制与内容生产方面的改革转型，确定了发展方向，提升了组织的地位，受到各级领导的重视，增强了员工奋斗的动力。

四　移动优先：内容为王与流程再造

赤壁市融媒体中心对自己的定位有着清晰的认识，以"引导群众、服务群众"为总体目标，实现传统媒体和新兴媒体深度融合发展，着力打造形态多样、手段先进、具有竞争力的县（市）级区域新型主流媒体。但如何在信息爆炸的当下，实现自己的目标定位？这也是众多媒体亟待解决的问题。解决了框架和模式问题后，县级融媒体改革还面临着一个至关重要的问题，即融合后的生命力何在。赤壁市融媒体中心的做法是始终坚持内容为王。有内容才有看头，有内容才有生命力。要发挥主流舆论场的作用，赤壁市融媒体中心主任彭志刚认为："关键是更好的传播形式和更优质的内容。县级融媒体中心的优势除了积聚媒体资源，还在于根植基层、深耕本土。"

（一）技术支撑："务实版"的指挥调度中心与智能采编系统

调度指挥中心与智能采编系统等新技术的使用，可以提高策采编播发流程的效率，也方便规范化管理，所有编审、校对环节都会在系统中留痕。技术支撑只是促进媒体融合发展的手段，而不是目的本身。但是，很多地方一提到县级融媒体中心发展，便是建办公大楼、豪华的大屏幕与"中央厨房"技术系统，延续的还是传统广电的重资产思维。赤壁市融媒体中心虽为国家级试点单位，但没有另建办公楼，只在原赤壁广播电视台办公大楼基础上稍做完善。指挥调度中心也就只有一个小屏，主要发挥展示功能，对县级融媒体中心而言够用了。赤壁市投资200多万元建设的指挥调度中心与智能采编系统，相较于其他地区的"豪华版"而言，可谓是"务实版"的轻资产模式。

（二）内容为王

赤壁市融媒体中心全媒体统一报道部署、统一策划主题、统一组织采访和重大活动调度。2018年形成重大主题策划方案近30个。2019年1～10月，已拟定主题策划方案15个，形成重大选题统一策划、全媒传播的宣传效应。坚持"无策划不宣传"的原则，宣传有主线，内容为王。为符合新媒体时代的传播规律，赤壁融媒体中心内容生产的创新体现在以下几方面。（1）做创意产品，鼓励符合多种不同媒体属性的创新。将原来的专题部改组为创意产品编辑制作部，共5人，其中具备采编、拍摄、制作一体化能力的有3人。2019年主攻短视频和Vlog。创意产品的制作选题有两类：一类是每月策划编审部开会商定的中心工作选题；另一类是创意产品制作编辑部自主寻找的主题和点子。因为有了精准定位和创意策划要求，倒逼该部门人员要时刻想着出新产品。每个月至少要生产2个短视频，并争取每个月出爆款和精品。（2）每季度评选优秀作品，包括报纸、电视、PC端、移动端、微视频、快闪、H5等各类作品。（3）手机移动直播，创新传播产品。赤壁市融媒体中心与市交通局合作，拍摄的一个关于查酒驾的直播活动，"云上赤壁"3小时点击量20万次。（4）发挥移动客户端的传播优势，将镜头对准火热的生活与普通的市民。贴近老百姓的生活，让群众感受到媒体不再高高在上。（5）为传统产品赋予新的内涵，不仅是写硬的新闻报道，而是采用"新闻＋"的报道模式，如新闻＋图说/解说、新闻＋评论、新闻＋访谈。虽然采编人员相对短缺，但在内容为王的导向下，新闻采编报道的质量不降反升。

（三）策采编播发的流程再造

赤壁市融媒体中心通过再造策采编播发流程，按一体化发展思路，打破内部各媒体各自为战的局面，组建统一指挥调度平台，整合全媒体记者，纳入平台建设，形成"一体策划、一次采集、多种生成、多元传播"的工作格局。具体而言，坚持"无策划不宣传"的原则，特别加强了前期的线索汇聚和选题策划，由策划编审部会同各媒体拟定宣传报道主题，再将任务发布下去，由采访中心的记者外出采写。采写后由记者将文章（文字、图片）等素材回传至智能采编系统，然后策划编审部会对文章进行严格审核把关，主要对文章的政治方向和文字表达进行审核并形成通稿。以前一个活动需要出动多组记者，现在只需要一个全媒体采访组即可，一专多能全媒体采编队伍逐渐成熟。通过流程再造，融媒体中心新闻文章数量增长20%，优稿率提升15%。

（四）移动优先

在传播过程中，坚持移动优先宗旨，着力构建"新媒体首发、全媒体跟进、融媒体传播"的传播格局。每当有重大新闻事件时，中心会立刻派全媒体记者团队赶往现场，通过新媒体端口编辑图片、短视频、文字，并回传至采编中心，快速编辑后通过"云上赤壁"抢本地首发，新闻采集完成后将影像和文稿提交至采编系统，供广播、电视、报纸、新媒体各部门根据各自需要进行编辑分发，构建起"新媒体首发、全媒体跟进、融媒体传播"的格局。移动客户端"云上赤壁"的阅读指数、用户活跃指数等5项指标的周排名，长期位于全省县级云平台前5位。2018年，"云上赤壁"以第一的成绩获得"长江云"县级融媒体平台最佳运营单位的称号。

五 "媒体＋政务＋服务"模式的探索与局限

县级融媒体中心如何才能更好地"引导群众、服务群众"，目前全国各地还在探索。首要的目标是重新夺回本地用户市场和增强用户黏性。"媒体＋政务＋服务"成为新时期县级融媒体中心建设的主流路径，"媒体＋"是通过政务与服务资源的积聚吸引用户和增强用户黏性，从而增强传播力和影响力。正如融媒体中心彭志刚主任所说："首先要解决有人跟你走，能把人带走的问题。""引导群众"主要有两种方式：其一，通过政策信息宣传引导群众；其二，通过为群众办事和与群众互动引导群众。前者主要靠媒体的新闻功能实现，后者则靠发挥"媒体＋"功能实现。"媒体＋政务＋服务"不是让媒体直接办理政务服务的业务，媒体也做不了，而是让政务与服务功能集中搭载在融媒体的移动端平台上，进而建成一个综合服务平台与社区信息枢纽。

移动客户端"云上赤壁"已有46家入驻，包括27家市直部门和19家乡镇（办/场/区）单位，连接湖北省政务服务网的"网上办事"平台。"云上赤壁""新闻＋政务＋服务"功能的开发，与省内大多数县级融媒体发展面临着相同的困难，省政府主导开发的"楚天云"与"鄂汇办"在没有与省委宣传部支持的"长江云"有效对接时，"长江云"作为全省移动政务平台的核心功能"网上办事"的政务功能受限，无法实现"一网覆盖、一次办结"的理想目标。目前做得比较好的，也只是发挥政务信息公开的功能。生活服务功能的开发，同样受只能对第三方平台提供链接这一功能及用户习惯的制约。然而，移动客户端"云上赤壁"的"新闻＋政务"做得比较好，问政栏目活跃度比较高，每天都有1条以上的网友提问或表达诉求。

具体而言，2018年5月，为发挥移动新媒体的监督作用，赤壁市委宣传部牵头打造了"云上赤壁"问政栏目，作为吸引用户与粉丝的突破口。群众通过该平台表达诉求，工作人员及时受理并分析研判，然后分别报送市网信办和相关责任单位。市网信办编写舆情专报，分管领导对问题进行认领、督办；责任单位对交办事项按要求在1个工作日内回复，3个工作日内办结。"云上赤壁"问政平台的栏目同步反馈回复和处理情况，栏目小编还会对群众反映的问题进行评论和引导。2018年5月至2019年7月底，"云上赤壁"问政平台共收到"诉求留言"467条，其中对外公布392条，回复率100%，办结率达90%以上。

没有公布出来的诉求主要有以下类型：明显无理诉求类；造谣瞎说类；个人隐私类；恶意诋毁类等。对外公布的留言大都是和老百姓衣食住行息息相关的，而且是能解决的，不会引起负面舆情的。没有公布出来的诉求基本上也会交相应部门处理。处理流程和结果，相关个人可以看到，只是没有公开。目前，赤壁市委市政府虽尚未将"云上赤壁"问政办理情况纳入部门绩效考核，但由于市委市政府比较重视，99%的部门是比较支持且配合处理的。如有派单1天还没有回复的，融媒体中心编辑会打电话督促。正是由于"云上赤壁"问政办理的效率较高，群众使用度还比较活跃，增强了地方政府与民众的双向沟通与互动。

六　产业经营与盈利模式的改革

原来县广播电视台的经营收入主要来源于医药广告和房地产广告两大项，广播、电视的受众不断流失后，其广告收入呈现断崖式下滑。而且由于播放的医药广告过多，广播、电视在群众中的声誉与口碑比较差。2017年以来，原赤壁广播电视台在对新闻生产、流程改革的同时，对媒体的产业经营与盈利模式也做出了调整，停止播放医药广告，转变发展理念，以活动激发经营发展新活力。按照"统一领导、业务独立、市场运作"的运行模式，以活动策划为带动，以融媒体直播为手段，以产业合作为突破口，实现经营模式从单纯依靠广告收入向广告栏目、线下活动、产业服务等多元化产业链发展转型。2017年10月，为适应市场化经营的体制与机制，将原广告部改组，成立赤壁广播电视台传媒有限公司。调整后的产业经营方向重点为以下几方面。

（一）大型品牌活动直播

坚持品牌意识，每年集中精力和时间举办一场全市人民参与的大型活动，力争做到家喻户晓。赤壁市融媒体中心策划组织了第一季赤壁市大型励志真人秀节目《出彩赤壁人》，制定详细招商方案。活动共吸引500余名赤壁籍各行各业能手、行业标兵、社区和企业文化优秀达人踊跃参与，为赤壁人民提供了丰富的视觉盛宴，6个选拔环节累计吸引1万人次现场参与，手机直播点击量每场均达 10 万 +。该季达人秀与赤壁外滩房地产开发商合作，拉到赞助费 85 万元人民币，加上其他部门的支持，总共 100 万元人民币。第二季达人秀与秀南御府房产商合作，赞助费同样是 85 万元人民币，加上其他部门的支持，总共 100 万元人民币。第三季为目前正在组织实施的"我和我的祖国"大型群众性合唱比赛。与赤壁外滩房地产开发商合作，但是赞助费只有 40 万元人民币，由于是红歌比赛，市委市政府与宣传部等支持了 30 万元人民币，总共 70 万元人民币。

（二）紧盯全市大小型活动市场

以"云上赤壁"手机直播为平台，承接各类大小型活动，如龙虾美食节、秀兰开工庆典、演讲比赛、农民丰收节、猕猴桃峰会晚会、技能演练等活动。2018 年，全年手机直播活动达到 37 场，其中文化、公益活动二十多场，产业和节庆活动十多场。月均直播活动 3 场，最多点击量超过 50 万次。2019 年以来，共开展"学习强国"知识竞赛、赤壁市中小学生社会实践基地开营仪式、茶业大会新闻发布会、廉洁诵读会、《条例》《监察法》知识竞赛等各类活动十多场。

（三）产业合作分成收费

用广告时间段参与企业的经营分成，如与教育培训机构合作成立了赤壁广电国风学堂，与家具城合作成立了广电粤港家具城；同时，在暑假期间精心打造"放飞梦想、快乐成长"心智教育夏令营；与农庄签订合作协议，通过农旅结合帮助企业做好宣传。每年融媒体中心通过基本冠名费 + 经营分成的形式，实现与企业之间的合作共赢。

（四）为各类产业搭台唱戏

广泛开展舞台、灯光、音响、演播厅的租赁等业务。当前产业发展竞争激烈，传媒公司在媒体 + 产业方面积极开拓市场，但是由于起步晚、市场饱和、体制机制约束等一系列原因，尚处于摸索尝试阶段。很多婚庆公司转型为礼仪公司，具有价格优势和竞争力。如铜锣湾酒店开业典礼与西湖国际广场开业典礼，传媒公司已经与其洽谈得差不多了，但一个婚庆公司称可以免费为其做活动，传媒公司只好退出。

2017 年调整产业经营方向与成立传媒公司，产生了积极的影响。一是创收没有下滑，还稳中有增。2018 年经营收入开始止跌，2019 年将稳中有增。二是思想观念发生了变化，找市场和找市长要钱完全不一样。市场付出 1 分钱，要看到 1 块钱的效果。公司员工开始慢慢适应找市场，在组织团结奋进方面也有提升。

七　结论

媒体融合发展离不开对功能和定位的考量。县级融媒体中心建设的最终目标是"引导群众、服务群众"，而不是"大屏幕、大平面、大机构、大技术"等简单的物理呈现。赤壁市融媒体中心在赤壁广播电视台的基础上，用较少的资金，实现了适应需求的技术骨架的搭建和运维，将新闻、政务、服务等功能整合至"云上赤壁"手机移动客户端。赤壁市融媒体中心探索出的"轻资产、重功能"模式，提供了一种非常灵活的合作模式，条件好的地方可以选择"中央厨房" + 移动端，没有条件的可以选择 PC 端 + 移动端，依然能够建设融媒体中心。"轻资产、重功能"模式对广大中西部地区县级融媒体中心的建设具有借鉴意义。

参考文献

［1］陈国权：《中国县级融媒体中心改革发展报告》，《现代传播》2019 年第 4 期。

［2］方提、尹韵公：《论县级融媒体中心建设的重大意义与实现路径》，《现代传播》2019 年第 4 期。

［3］何可一、邬金刚：《扎实抓好县级融媒体中心建设——江苏县级广电媒体融合的现状、问题及路径分析》，《新闻战线》2019 年第 3 期。

［4］李彪：《县级融媒体中心建设：发展模式、关键环节与路径选择》，《编辑之友》2019 年第 3 期。

［5］刘勇、沙垚：《县级融媒体中心之玉门经验》，《新闻战线》2018 年第 17 期。

［6］沈阳、闫佳琦：《县级融媒体中心建设的思考》，《中国出版》2018 年第 22 期。

［7］滕朋：《社会治理、传播空间与县级融媒体中心建设路径》，《当代传播》2019 年第 2 期。

［8］吴晓剑：《县级融媒体中心建设路径探析》，《中国有线电视》2018 年第 11 期。

［9］谢新洲、朱垚颖、宋琢：《县级媒体融合的现状、路径与问题研究——基于全国问卷调查和四县融媒体中心实地调研》，《新闻记者》2019 年第 3 期。

［10］喻国明：《今天的媒介融合应当怎么做——从互联网时代的常识到新传播格局的大势》，《教育传媒研究》2019 年第 4 期。

［11］张诚、朱天、齐向楠：《作为县域治理枢纽的县级融媒体中心建设刍议》，《新闻界》2018 年第 12 期。

［12］朱春阳：《县级融媒体中心建设：经验坐标、发展机遇与路径创新》，《新闻界》2018 年第 9 期。

（感谢武汉大学 2019 级研究生周堃璐所做的文字校对工作）

媒体与社会

微信朋友圈"三天可见"功能用户使用报告：社交媒体消极使用的应对与效果

周丽玲　代义佳*

摘　要：　本文针对一项有代表性的社交媒体消极使用行为应对举措
——微信朋友圈"三天可见"，进行用户使用状况与效果的
探索性研究。通过对 27 位微信朋友圈用户的深度访谈，本
研究发现，"三天可见"功能之所以能让朋友圈变得更加为
人所接受，主要原因在于这种可见设置能阻止不当窥探，保
护隐私，让个人在印象管理方面更有社交主动权，以及将数
字记忆从共享收归私有，从而有效地破除朋友圈使用过程中
的一些心理顾虑和使用障碍。本文同时对"三天可见"功能
的创新意义和局限进行了探讨。

* 周丽玲，武汉大学新闻与传播学院副教授，博士，研究方向：广告与数字营销、媒介生产与
媒介效果；代义佳，武汉大学新闻与传播学院 2017 级硕士研究生，研究方向：广告传播。

关键词： 微信朋友圈　 "三天可见"　 社交媒体消极使用　 个性化

一　研究背景

作为中国大陆应用最为广泛、渗透最为深入的社交媒体，微信正在成为大多数中国人日常生活的一部分。通过微信朋友圈（下文简称"朋友圈"）展示、分享信息已成为人们普遍的社会交往方式。微信社交最初被称为"熟人社交"，但在发展应用过程中，其范畴却逐渐泛化。过载的信息和过多的社交，使得用户分享的快乐体验与过度曝光的烦恼相伴而生。[①] 因此，越来越多的用户开始由主动、积极地分享、转发、互动交流的积极使用逐渐转向被动浏览、只看不发、强制沟通、转移平台等消极使用行为。[②] "逃离朋友圈""微博蹦迪""朋友圈装死"等网络流行语的热烈讨论也折射出这些消极使用行为背后的集体焦虑。

面对用户的消极使用和集体焦虑，微信平台希望通过优化"可见范围"的设置来实现用户信息公开和隐私保护的动态平衡，[③] 进而避免用户流失。微信创始人张小龙在2019年1月的公开演讲中表示："我们鼓励用户去设置三天可见，希望这样子使得他更加勇敢地去发朋友圈。他不用认为说我发的每一个都是可以被别的朋友很久以后来翻看。"同时，他还透露目前有超过一亿用户在使用"三天可见"的功能。[④] 换言之，作为微信平台方推出的用户体验改进举措，"三天可见"的功能正在被大量用户所采纳、接受。然而，这一新的改进设置的效果如何？用户究竟是出于何种动机选择使用

---

① 刘鲁川、李旭、张冰倩：《基于扎根理论的社交媒体用户倦怠与消极使用研究》，《情报理论与实践》2017年第12期。

② 刘鲁川、李旭、张冰倩：《社交媒体用户的负面情绪与消极使用行为研究评述》，《情报杂志》2018年第1期。

③ 黄莹：《语境消解、隐私边界与"不联网的权利"：对朋友圈"流失的使用者"的质性研究》，《新闻界》2018年第4期。

④ 《官方最完整版：张小龙微信公开课超时演讲，总结微信8年》，2019年1月10日，https://mp.weixin.qq.com/s/FgKpY62OceBAPpz5MklS_g，最后访问日期：2019年2月25日。

"三天可见"功能？"三天可见"功能的广泛使用给用户的微信社交又带来了哪些影响？依托技术创新能否从根本上解决用户的社交媒体消极使用行为？"三天可见"功能推出的时间还不长，虽然多次在大众媒体、社交媒体引发讨论和关注，但是对此问题尚未有深入研究的学术成果。为此，本研究将围绕上述问题对微信朋友圈用户的"三天可见"功能使用行为开展实证研究。

二　研究设计

（一）研究方法

由于本文旨在展现人们的线上社交日常，而量化研究无法描绘个体生动、细腻的日常经验，故而本研究采用质化研究方法，于 2018 年 10～12 月对 27 位微信用户进行了一对一的深度访谈，重点考察用户对"三天可见"功能的态度与使用动机，以及"三天可见"功能对用户微信社交潜在的多方面影响。访谈对象的年龄为 18～35 岁，之所以选取这个年龄段的用户，是因为该年龄段人群正是微信用户的主要构成。[①] 最终，我们以判断抽样方式，遵循饱和抽样原则，选取 27 位受访者进行了调查（受访者基本情况参见文末附录）。访谈采取半结构形式进行，对每位受访者的平均访谈时间为 1 小时左右。

（二）概念界定及操作化

1. 社交媒体消极使用

社交媒体消极使用指"被动消费内容"（Passive Consumption），表现为用户仅浏览和点击其他用户发布的状态、查看公告文件、公开群聊等行

---

① 据腾讯发布的 2015 年微信用户数据，18～25 岁和 26～35 岁合计占到微信用户的 86.2%，参见《腾讯发布 2015 微信用户数据报告》，4A 广告圈，2015 年 8 月 20 日，https://mp.weixin.qq.com/s/jXj5LK6Ph1e2tOOFD7W4Ug，最后访问日期：2018 年 10 月 20 日。

为。① 社交媒体的娱乐功能在理想状态下会促使用户积极地、持续地使用，但长时间的使用会造成"技术成瘾"，会进一步推动用户由积极的使用状态向消极的使用状态转变。② 一些看似积极主动的持续使用行为实际上往往是不情愿、被动、消极地使用社交媒体，即高频率地使用并非是其主动积极态度的体现，而更多的是出于工作、社交的压力无奈地"持续使用"。其中，潜水行为、屏蔽行为、忽略行为和退出行为是用户表现较为突出的四种消极使用行为。③ 据此，设计如下访谈问题：

（1）如果不考虑客观因素，你会经常发朋友圈吗？

（2）你听说过"逃离朋友圈"的讨论吗？你如何看待这一现象？

2. 个性化

这里"个性化"（Personalization）指对社交媒体的个性化。使用与满足理论把受众看作有特定"需求"的个人，把他们的媒介接触活动看作基于特定需求动机来"使用"媒介，从而使这些需求得到"满足"的过程。④ 社交媒体的个性化就是指用户在社交媒体使用过程中是依据自身的个性化需求对媒介进行选择、接触的使用行为。每位用户使用特定媒介的动机不同、满足的需要不同、使用过程中产生的后续效应也不同。使用场景、用户兴趣、社交网络等因素都会对用户的个性化使用产生影响⑤。据此，设计如下访谈问题：

（1）你觉得"朋友圈"在你的生活中扮演着什么角色？你对它的功能定位是什么？它对你的生活有什么影响？

---

① Burke M., Social Network Activity and Social Well-Being［C］//Sigchi Conference on Human Factors in Computing Systems. ACM, 2010.

② Turel O., Serenko A., "The Benefits and Dangers of Enjoyment with Social Networking Websites［J］." *European Journal of Information Systems*, 2012, 21（5）：512–528.

③ 刘鲁川、李旭、张冰倩：《基于扎根理论的社交媒体用户倦怠与消极使用研究》，《情报理论与实践》2017年第12期。

④ 王茜：《社交化、认同与在场感：运动健身类App用户的使用动机与行为研究》，《现代传播（中国传媒大学学报）》2018年第12期。

⑤ 莫同等：《一种移动互联网应用的个性化使用模式分析方法》，《小型微型计算机系统》2015年第11期。

（2）你是否使用过"三天可见"或"半年可见"功能？使用或不使用的原因是什么？

（3）你觉得这个功能的出现给你的生活、微信社交带来了什么影响？

（4）你怎么看待其他人使用这个功能？当你发现自己的微信好友在使用它，你的感受是什么？

（5）你怎么评价"三天可见"或"半年可见"的设置？你觉得它有什么作用？你认为这个功能的优缺点是什么？

三　"三天可见"功能的个性化使用

"三天可见"功能是微信平台方为了避免用户流失、鼓励用户继续发朋友圈而开发的新功能，目的是维系和挽留朋友圈用户。微信平台方希望借助这一技术手段减轻用户自我表达的压力，为用户提供更为安全、便利的使用体验，让用户"更加勇敢地去发朋友圈"。[①] 本次访谈研究发现，用户使用"三天可见"功能的动机和原因包括保护隐私、避免被窥探，更好地进行印象管理，将数字记忆从共享收归私有，等等，而这些都将为用户创造更为安全和更便于管理的使用体验，从而达到挽留用户的目的。

（1）保护隐私：阻止不当窥探

"朋友圈就是一个广场"（访谈对象 Z1，男）。从"朋友圈"到"广场"，受访者的这个比喻不仅体现了朋友圈里复杂的社会交往关系及由此带来的不同社会交往场景的融合，[②] 而且也喻示着契约和边界规则的弱化和解构——对于那些发布在朋友圈中的个人信息，全体信息"共同拥有者"并没有通认的隐私管理规则，任何一个看到这条信息的人都可以不受任何限

[①] 《官方最完整版：张小龙微信公开课超时演讲，总结微信 8 年》，https://mp. weixin. qq. com/s/FgKpY62OceBAPpz5MklS_g，2019 年 1 月 10 日，最后访问日期：2019 年 2 月 25 日。

[②] 〔美〕约书亚·梅罗维茨：《消失的地域：电子媒介对社会行为的影响》，肖志军译，清华大学出版社，2002，第 67 页。

制地随时随地向其他人透露。① 在"三天可见"功能上线之前，微信朋友圈虽然通过好友认证、分组管理、屏蔽等功能来保护隐私，但边界依然模糊。尤其是数据化的文字、图像可以被复制、转发、截屏，使发布者对信息的再传播很难控制。② 因此，信息一旦在朋友圈发出，用户便会失去对它的控制，用户好友并未与其就朋友圈的传播范围达成共识。同时，其好友却获得了"二次转发"甚至"多次转发"的机会和权利，由此带来的隐私风险变得更加不可预知。

> 因为你知道女生是很无聊和八卦的。翻你朋友圈可以翻很久，我就不想被翻。（访谈对象 G1，女）
>
> 发朋友圈是有它的情境的。过了这个情境之后，我觉得不应该再二次曝光或者是多次被别人看。我就会觉得这个反复地被别人看，就丧失了我原本发朋友圈的心情。（访谈对象 R1，女）

"隐私是通过分隔和控制来实现的，通过分隔使得个人避开他人的感知，通过控制使得个体可以保持对个人事务的掌控。"前一种方式是被动的，是把个人信息移开他人视野，掩蔽个人生活，通过保密、隐蔽、隐居、匿名等手段来保护个人隐私；后一种方式是积极的、主动的，采用公开、自我表现的方式来实现个人的自主性。前者被称为信息隐私，后者被称为决策隐私。③ 胡泳指出，隐私权包括信息隐私、决策隐私及私人的空间感等三类。④ 而微信用户对朋友圈"三天可见""半年可见"功能的使用，则同时体现了这三类隐私的实现方式：通过有选择地在朋友圈里自主发布信息来实现主动的"决策隐私"，通过"三天可见"功能的时间设置来实现被动的"信息隐私"。与此同时，"三天可见"功能的使用可以让用户在朋友圈

---

① 殷俊、冯夏楠：《论微信朋友圈中的传播隐私管理》，《新闻界》2015 年第 23 期。
② 黄莹：《语境消解、隐私边界与"不联网的权利"：对朋友圈"流失的使用者"的质性研究》，《新闻界》2018 年第 4 期。
③ 王俊秀：《监控社会与个人隐私：关于监控边界的研究》，天津人民出版社，2006，第132 页。
④ 胡泳：《众声喧哗：网络时代的个人表达与公共讨论》，广西师范大学出版社，2008，第 163 页。

的虚拟空间实现"暂时性离场"，让用户可以获得虚拟社交中的私人空间。

> 心情不好的时候，就想用"三天可见"表达一个态度，就是我想暂时隔绝与外界的联系。（访谈对象 Z8，女）
>
> 比如说如果发一个东西，被一个不恰当的人看到了，可能他最后会传播出去，因为毕竟大家的朋友圈好多都是互通的，有时候虽然不是线上互通，线下也可能是互通的，可能你发的这个东西就给别人造成了困扰。（访谈对象 C1，女）

"三天可见"功能的设置还一定程度上缓解了用户在朋友中面对全景敞视效应而产生的焦虑情绪。全景敞视效应是一种面对监控所产生的心理效应，即人们被监控到一定程度也不见得一定会产生驯化，而是很可能产生很强烈的被监视感、被控制感，一种失去自由般的监狱效果，是一种强烈的心理压抑。[1]

朋友圈因其独特的功能设置很容易给用户带来这种心理层面的监控焦虑。在朋友圈社交中，每个人都可能成为"窥视者"——从某个隐藏或隐秘位置看到特别景象的人或角色。"窥视者"一般被认为是处于鬼鬼祟祟的位置，甚至是某种权力的位置。[2]

> 因为发的内容很多的时候，你可能会发现这个人到底是个怎么样的人，你可以去观察或者能够揣测出来。（访谈对象 X2，男）

用户的朋友圈在通常情况下都是可以被好友进行任意翻查的，其微信好友常常会通过翻查一个人的朋友圈来获取他的个人资料，甚至相当长一段时间内的生活轨迹。面对这种翻查，一些用户倾向于理解为这是一种

---

[1] 王俊秀：《监控社会与个人隐私：关于监控边界的研究》，天津人民出版社，2006，第132页。
[2] 〔美〕约翰·费斯克等：《关键概念：传播与文化研究辞典》，李彬译，新华出版社，2004，第305页。

"不当窥探"。

> 对于是何人何时以何种目的在"翻查"，用户都无从知晓。（访谈对象 R1，女）。这种窥探带来的很可能是严重的心理不适："有一种被'视奸'的感觉，怪怪的，所以只开了'三天可见'，因为我不喜欢通过朋友圈就去判断一个人或者被别人判断，也不是对那个人有什么看法。"（访谈对象 W3，女）
>
> 一般想要知道你很久以前发生的事情，这种人大多都是抱有一定的目的：或出于想找到某张照片，或出于想了解知道自己朋友圈打卡的足迹，我反感这种抱有不当的目的窥探我的朋友圈。（访谈对象 Z1，男）

互联网语境下的全景敞视不但有着少数对多数的监控、国家对个人的监控，还存在着多数对多数的监控、个人对个人的监控。[①] 朋友圈用户对"不当窥探"的反感恰恰是用户在朋友圈这座"电子监狱"中所感知到的人际监控的焦虑。因此，"三天可见"功能的使用既可以视为用户面对全景敞视效应的一种应激式自我保护，也可以视为在监控焦虑的驱使下对当前所处的监控社会的一种个性化抵制。总之，"三天可见"功能的设置一定程度上缓解了用户在朋友圈中因全景敞视效应而产生的焦虑情绪。

（2）印象管理：掌握社交主动权

印象管理是指个体会按照一种完全筹划好的方式来行动，以一种既定的方式表现自己，其目的纯粹是给他人造成某种印象，使他们做出他预期获得的特定回应。[②] 在日常的社会交往中，个体会通过那些被人认为是传达了可靠信息的方式来引导他所制造的某种印象。[③] 换言之，人们会通过在社交中信息的传播来实现印象管理。人们不但可以通过朋友圈进行个人信息的分享和传播，还可以通过这种传播来实现自我的印象管理。

---

① 郑日强：《强化与变异：网络社会中的"全景敞视"》，《社会学评论》2015 年第 3 期。
② 〔美〕欧文·戈夫曼：《日常生活中的自我呈现》，冯钢译，北京大学出版社，2008，第 5 页。
③ 〔美〕欧文·戈夫曼：《日常生活中的自我呈现》，冯钢译，北京大学出版社，2008，第 6 页。

　　然而，朋友圈作为社交平台，不仅可以实现用户的自我呈现，同时也是一个高度痕迹化的平台。用户在朋友圈一旦发布动态，除非用户主动删除或者"设置为私密"（仅限图片），否则其将被永久保存在朋友圈平台。但是，对于大多数朋友圈用户来说，随着其年龄的增长和人生阶段的变迁，其社交关系和自身的个性呈现动态变化的过程。同时，一旦个体出现在他人面前，他往往会有许多动机，试图控制他人对其当下情境的印象。① 换言之，用户渴望给每一位新添加的好友一个自我可控的印象，而不仅仅是朋友圈中所呈现的过去的自己。"我希望刚认识尚未熟悉的人能从我本身了解我，而不是我的朋友圈。"（访谈对象 W2，女）

　　显然，设置"三天可见"的用户能获得在新添加的好友面前自我呈现的更大的主动权，他可以充分按照自己的意愿向新朋友展示自己的形象，而不必担心他们会突然闯入后台，进而导致其在前台的表演崩溃。② 通过这一小小的时间设置，用户每一位新添加的好友将难以再通过朋友圈对用户的相当长一段时间的生活经历实现全面的了解。换言之，新添加的好友难以获知这位新朋友以前是一个什么样的人，有着哪些故事和经历，有着哪些兴趣爱好。

　　　　一个人如果话特别多，一般给人的感觉就是嘻嘻哈哈不稳重，但是一般，比如你，不经常发朋友圈，别人就会觉得你是那种很有思想、很低调、不张扬的人。我想成为别人眼中后者这样的人。设置"三天可见"，新添加的好友点进我的朋友圈，就不会一下子看到那么多信息了。（访谈对象 L1，女）

　　　　我觉得朋友圈说到底还是一个"展示"的平台。特别是朋友圈的朋友里有了领导、师长和直接利益关系者之后，就会将自己的朋友圈打造成别人想看的或者外界期望的符合自己社会身份的样子，或者，

---

① 〔美〕欧文·戈夫曼：《日常生活中的自我呈现》，冯钢译，北京大学出版社，2008，第11页。
② 〔美〕欧文·戈夫曼：《日常生活中的自我呈现》，冯钢译，北京大学出版社，2008，第204页。

不想那么麻烦，那就把不符合外界期望的内容隐藏起来，所以就设置"三天可见"。（访谈对象 W3，男）

戈夫曼在分析人们日常生活中的面对面互动时提出了"前台""后台"理论。他认为"前台"是指日常表演的特定场所（舞台），"后台"则通常位于舞台的一侧，是表演者可以确信观众不会突然闯入的地方。[1] 日常生活中前后台的分界线是以表演场景区分的形式呈现的，在朋友圈中，前台和后台的界限则取决于"好友可见"的范围和设置。此时，"朋友圈可见内容"以及用户在线上线下其他交往场景的表现就成为展演的"前台"，而对朋友不可见、仅自己可见的内容就成为展演的"后台"。

与微信过去推出的"分组可见"功能相比，"三天可见"功能不仅使用起来更为方便快捷，而且，它无差别地对待朋友圈里各种社会关系的方式，让用户免去了因为区别对待"朋友"或分组不当而可能产生的尴尬和烦恼。通过"三天可见"，微信用户可进一步拉大自己"前台"和"后台"的距离，在不影响自己"后台"行为的情况下对自己的朋友圈"前台"展演拥有了更大的自主权。不过，此时的"前台""后台"是被时间刻度重新定义的。"三天可见"功能所建立的"后台"——"仅自己可见"的朋友圈内容，是在朋友圈所建构的虚拟空间通过时间的切割得以确立的，"前台"则是包括虚拟空间以及用户在现实社会交往中的各种表现场景。

（3）数字记忆：从共享回归私有

对于大多数朋友圈用户来说，朋友圈除了是一个重要的社交窗口，还有着重要的自我记录的功能。人们将生活经历、情绪情感以及对各类议题的表达分享在朋友圈，一方面是想满足自我表达的需要，另一方面也在客观上实现了记录自我生活轨迹的功能。这些朋友圈记录随着时间的流逝也逐渐成为用户在虚拟空间的数字记忆。

然而，朋友圈的数字记忆与传统个体记忆，比如个人回忆、私人日记

---

[1] 〔美〕欧文·戈夫曼：《日常生活中的自我呈现》，冯钢译，北京大学出版社，2008，第94～98页。

等不同的是，其在记录之初就是被用来"共享"的。一方面，其被用户朋友圈可以看到相应动态的好友所共享；另一方面也被微信平台方背后的企业所记录、收集甚至挖掘分析以实现商业应用。换言之，朋友圈的数字记忆不仅实现了全民共享，而且是永久共享。然而，如舍恩伯格在《删除：大数据取舍之道》中所言，在大数据时代，"永久的记忆创造了空间和时间圆形监狱的幽灵"，带给人们一个"没有安全与时间的未来"。①

在朋友圈发布信息，让个人信息变成了一种"共享记忆"，而这正是人们在微信使用过程中不安全感的重要来源。这种不安全感一方面在于个人的数字记忆被共享以后难以预知的隐私泄露风险，"因为我的朋友圈里有×××（注：受访人前任女友），我又不想删"（访谈对象 S1，男）；另一方面，则在于朋友圈中的数字记忆存在着大量"互动记忆"，包括用户在朋友圈信息发布期间微信好友的评论，显然这一互动记忆客观上正在被互动双方以及他们的共同好友所共享。

然而，这种看似存在于小型社群的数字记忆的永久共享依然可能给用户带来不确定的风险和"记忆共享焦虑"，因此群体内关系的各方需要不断地对其"私人领域"和"公共领域"之间的边界进行管理。在这里，"边界"是指愿意与对方分享的思想和感情与不愿意分享的思想和感情之间的界限。所有的"边界"都是可以根据不同的情况被打开或关闭的，打开"边界"是指愿意将个人信息分享至"公共领域"，关闭"边界"即是将某些信息彻底封闭在"私人领域"不与他人分享②。微信朋友圈中不同"关系圈"的亲疏远近呈现不同的隐私"边界"，公共性"边界"与私人性"边界"交替其中，隐私"边界"也呈现动态变化。③ 因此，数字记忆的"边界"也处在一个会随着时间的流逝和用户心理、人际关系的变迁而不断动态变化的过程中。

---

① 〔美〕迈尔·舍恩伯格：《删除：大数据取舍之道》，袁杰译，浙江人民出版社，2013，第 117 页。
② 殷俊、冯夏楠：《论微信朋友圈中的传播隐私管理》，《新闻界》2015 年第 23 期。
③ 王波伟、李秋华：《大数据时代微信朋友圈的隐私边界及管理规制——基于传播隐私管理的理论视角》，《情报理论与实践》2016 年第 11 期。

因为我有一些被前男友评论过的朋友圈，我怕公开以后，前男友把以前给我的评论都删掉了。他先把我们以前的朋友圈删掉了，我会觉得既然他想划清界限删掉之前的，我也没必要在朋友圈里留着让共同的好友看到了。（访谈对象Z3，女）

一旦用户对数字记忆"边界"管理的需求发生变动，曾经看似美好的数字记忆共享恰恰会成为如今让人最为头疼的数字记忆焦虑。因此，用户会选择"三天可见"，将信息公开时间限定在一个很短的时间范围，让原本在朋友圈甚至在更大范围内被共享的数字记忆逐渐转化为个人的专属数字记忆，推动个人数字记忆的私有化。然而，用户出于个人需求将人际关系中共有的数字记忆通过"三天可见"的方式简单、直接地实现了个人私有的做法，所引发的后续效应和新"边界"纠纷也不可忽视。

用户通过"三天可见"功能将数字记忆回归私有化，同时会剥夺他人的数字记忆。对于用户的朋友圈好友来说，在朋友圈刷到的每一条动态也都是自己接收到的信息，也被默认为自我数字记忆的一部分。如果其好友设置了"三天可见"，虽然好友实现了个人数字记忆的私有化，但自己却要面临"信息三天有效期"的问题，三天之后数字记忆就会彻底丧失。虽然此时用户还可以选择通过主动索取的方式再次获得这一记忆，却要消耗额外的社交成本。可见，在个人记忆数据化并且为全民所共享的时代，[1]"三天可见"作为数字化记忆"边界"能否得到人们的认可、建立"边界"共识仍有待时间检验。

四　"三天可见"功能使用的负面效应

虽然用户在使用微信朋友圈过程中因为"三天可见"功能的出现而减少了对"不当窥探"的焦虑，在印象管理的过程中掌握了更多的主动权，并限制了数字记忆的可见范围，然而，"三天可见"的个性化使用也给用户

---

[1]　黄莹：《语境消解、隐私边界与"不联网的权利"：对朋友圈"流失的使用者"的质性研究》，《新闻界》2018年第4期。

的微信社交带来了一些不利影响。

（1）朋友圈功能认知差异引发"边界"纠纷

　　　　朋友圈的功能主要是展示自我，然后接受朋友的分享，看他的生活。可以是别人的喜怒哀乐，也可以是别人认为一些比较有趣的知识。（访谈对象 X2，男）

　　　　朋友圈是一个用来做自我记录的平台。（访谈对象 W2，女）

　　从受访对象的观点可以看出，对于朋友圈究竟是一个自我展示的社交平台还是一个用于记录自我生活的私人领地，用户们的看法不一。正是这种对朋友圈功能的不同认知和个性化使用才使得用户无法就朋友圈信息归属权形成共识，因此在使用"三天可见"功能重设"边界"以后更容易发生"边界"纠纷和摩擦。"边界"管理是一个以规则为基础的过程，它不是一种个人的单方面决策，而更偏重是一种协商的过程。① 当边界协调的规则不清晰，或者人们相互之间隐私管理的期待发生冲突时，就会出现边界纠纷。②

　　　　但是如果我想要去了解一下这个人，我看不到我会很生气，我就会想你有必要吗？我会挺生气的，我就会想真是你平常也不发朋友圈，你说你有必要搞个"三天可见"吗？我就觉得有点无法理解。（访谈对象 D1，女）

　　因此，当用户出于自我保护及寻求安全感和掌控感的需要而选择使用"三天可见"功能时，也使得朋友圈的共同拥有者（自己的微信好友）关注

---

① 王波伟、李秋华：《大数据时代微信朋友圈的隐私边界及管理规制——基于传播隐私管理的理论视角》，《情报理论与实践》2016年第11期。

② 〔美〕理查德·韦斯特、林恩·特纳：《传播理论导引：分析与应用》，刘海龙译，中国人民大学出版社，2007，第255页。

好友分享、关心好友动态的需求无法得到满足。

> 比如说我特别想进去看看你近期生活怎么样，或者是我记得我上次看见你朋友圈发了个啥，我想去看看我能不能找到，然后就打不开，我就觉得少了一个了解别人的窗口。虽然它不是说单独对我不可见，但是我会觉得他是不是对我不可信，我会觉得被隔离，所以我很反感。（访谈对象 C1，女）

例如，当用户选择通过"三天可见"功能将数字记忆回归私有化以后，却剥夺了他人的数字记忆。对于用户的朋友圈好友来说，在朋友圈刷到的每一条动态也都是自己接收到的信息，也会默认为自己数字记忆的一部分，而且很可能出于便利的需要不再特别记录。然而如果其好友设置了"三天可见"，虽然好友实现了个人数字记忆的私有化，而自己却要面临特定信息只有"三天保质期"的问题，三天之后自己的数字记忆则被剥夺。

> "三天可见"刚出来的时候，我一个发小说"三天可见"跟删了我有什么区别。（访谈对象 D1，女）
> 有一次在办公室聊到这个问题，一个同事误以为我使用"三天可见"是把他屏蔽了。（访谈对象 D2，女）

这两位受访对象所提到的则是设置"三天可见"所引发的分歧和纠纷。一些人因为缺乏对"三天可见"功能的充分认知，不但难以形成"边界"共识，甚至无法有效理解"朋友仅展示三天朋友圈"提示的内涵，进而误以为对方将其屏蔽，导致人际关系发生摩擦。

由于媒介接触习惯和对媒介功能认知的不同，不同背景、不同年龄的朋友圈用户对"三天可见"功能的解读大相径庭，一些受访对象表示他们对好友使用这一功能表示尊重。

一般不会想那么多，因为不会给我带来不适，毕竟只是一个侧面而已，有的看就看，没的看就拉倒。（访谈对象 N1，男）

（2）"三天可见"引发"边界焦虑"

人们在面对"三天可见"所引发的"边界"纠纷时所出现的不适感甚至已经演变为焦虑。这里的焦虑主要是指用户因无法实现对朋友圈好友信息的即时、全面的掌握，进而实现"监视、控制"的目的而产生的不安情绪。"一些人比较忙，没空经常刷朋友圈，很多信息就淹没了，他只能回头去翻。"（访谈对象 R1，女）在中国语境下，这种"失控焦虑"主要集中体现在父母对子女、领导对下属等带有明显"控制色彩"的人际关系当中。他们希望借助朋友圈这一工具实现对子女或下属的生活状态、生活踪迹的及时掌握，以便对他们的行为施加干涉从而获得安全感、掌控感。同时，一些相对年长的朋友圈用户对"三天可见"这一新功能还不了解，也无法准确辨识"朋友圈仅三天可见"的提示，就会产生过度联想，甚至强制对方修正设置。

对另外一些朋友圈用户来说，他们所感受的"边界焦虑"来自由"三天可见"引发的"情感隔离"。"一开始觉得他很好，想做那种很好的或很特别的人，结果他'三天可见'，然后也不打算让你看之前的，那就影响关系了。有点受伤，我在你心里试着立一个坦诚无秘密的真实人设，你又搞得神秘兮兮的，我会觉得我吃了亏。"（访谈对象 Z2，女）

这里的"情感隔离"主要是指当用户试图点开好友朋友圈的时候，发现对方是"三天可见"时所产生的情绪反应。"就'三天可见'是一条线以后，什么也看不到，我会觉得很冷漠，觉得他是一个高冷的人。"（访谈对象 W3，男）在当代社会中，微信已经成为中国人一种新的在世存有，[①] 微信、微信朋友圈成为人们日常生活的一部分，人们已经习惯通过朋友圈展开情感互动和社会交往，因此当这种习惯面对"三天可见"重新设定的

---

① 孙玮：《微信：中国人的"在世存有"》，《学术月刊》2015 年第 12 期。

"边界"，人们会不可避免地感到不适应和焦虑，以至产生疏离感。"对于想了解你的朋友来说，那是拒人于千里之外的冷漠。"（访谈对象 Z 5，男）

当用户作为朋友圈"三天可见"的查看者感受到"失控焦虑"和"情感隔离"的时候，这种焦虑情绪会相应地传递给"三天可见"的使用者。一些用户之所以中止使用"三天可见"就是源于这种"我是不是太冷漠了"。（访谈对象 W3，男）他们表示，不想给外界造成一种"高冷"的印象，因此会受到"印象管理焦虑"的压力而中止使用"三天可见"功能，或者修改为"半年可见"以缓解这种焦虑。"同事都说用'三天可见'不好，我当时就反思了一下，就觉得我平时发得少，'三天可见'的话可能就什么都看不到了，那样确实不太好。我就把它改成了半年。"（访谈对象 C2，女）一些出于自我保护的需要坚持使用"三天可见"的人，依然感受到了这种焦虑："我希望它能换一种方式提示'三天可见'，就是可以不让人那么不舒服，也省得别人误会我把他屏蔽了。"（访谈对象 D2，女）

这都是"三天可见"这一新功能的局限性所带来的负面影响。一方面，"三天可见"功能作为新生事物，人们对其认知、接受、采纳还需要一个过程，还有赖于对"边界共识"的不断培养和强化；另一方面，"三天可见"使用与不使用的背后其实呈现的是用户的自我表露需要、社会交往需要和自我保护需要等多重社会需要的相互博弈，这种博弈在一定条件下就表现为纠纷、焦虑等不适应的现象。

五 "三天可见"功能的创新与局限

（一）创新：以时间刻度限制信息传播范围

"三天可见"功能是在社交媒体用户倦怠、屏蔽、潜水、退出等消极使用情绪与行为日益严重的背景下产生的，承载着维系和挽留用户的冀望，是微信开发团队主推的一项用户挽留措施。用户通过"三天可见"以时间刻度的方式限定了好友可以查看的朋友圈范围，在朋友圈使用过程中获得更多安全感和掌控感，缓解了焦虑情绪。从国内外社交媒体使用现状来看，这一以时间设置方法改善社交媒体用户体验、减少用户消极使用行为的功能设置颇具创新性。

目前国内外社交媒体平台的类似举措多从保护隐私、缓解用户因隐私关注产生的不安情绪出发，为用户提供更多的隐私保护设置。与"三天可见"功能以时间刻度方式设置可见范围的特点不同，其他社交媒体的可见范围设置主要是对信息传播的接收对象也即"观众"的范围进行控制。例如，Facebook 用户可以设置动态仅为好友可见、私密照片选定部分好友可见等功能。另外，国外的社交媒体 Snapchat 为了避免"过度分享"给用户带来的信息过载等压力，为用户提供"阅后即焚"的功能，用户可以设置传播内容存留时间，实现即时删除。① 微信于 2018 年年底推出的"时刻视频"功能与之类似，即用户发布的"时刻视频"仅能保存一天。这与"三天可见"功能相似，即都是从控制"信息时效性"的视角来缩减内容展示的时间，从而实现对信息传播范围的控制。

"三天可见"功能的独特之处在于仅仅将展示的时间控制为三天，三天之后信息转变为"仅自己可见"。作为一种防止用户消极使用、挽留用户的手段，这种设置时间刻度的方式有很多潜在的优势。第一，它是一种非常简便的控制方式，与过去的"分组可见"和"屏蔽"方式比较起来，无须用户花费时间进行分组管理和逐个屏蔽，简单高效。第二，这种方式对朋友圈内所有好友"一视同仁"，避免了因差异化对待好友而可能引发的社交问题。第三，"三天可见"功能只限制了对朋友展示的时间长短，而用户自身则可以一直留存这份"数字记忆"，可以完好地继续实现其记录个人生活的功能。第四，它通过对展示时间的控制让用户有效限制了内容的传播范围，避免用户信息的过度分享和隐私分享。

换言之，"三天可见"功能为用户提供了一种新的社交媒体管理方式，赋予用户以更多的控制权，给予用户更大的自主空间，既在一定程度上解决了社交媒体的隐私风险和信息过载等负面问题，又让用户有更多机会在

① 孟茹：《美国社交媒体平台用户隐私保护的自律与监督机制——以 Facebook 为例》，《编辑之友》2017 年第 1 期。

自我表露、印象管理与自我记录、自我保护之间实现动态平衡。从有超过一亿用户在使用"三天可见"功能的现实来看，这一功能确实改进了用户体验，满足了用户的需求。

（二）局限：过于"一刀切"的设置方式难以满足用户多样化需求

"三天可见"功能在为用户提供安全感、掌控感的同时，也不可避免地会带来人际纠纷、失控焦虑等不良影响。这是因为微信好友间的关系是有亲疏远近等多元类型的，但是"三天可见"功能却将复杂多样的社会交往关系完全一视同仁，对所有展示对象简单化地设定为仅"三天可见"。这种机械化的设置既忽视了朋友圈社会交往关系的复杂性，也忽视了人们在不同场景中扮演不同社会角色、展现多维度自我的需求。

> 我觉得可以让用户的调整权限更大一点，比如可以对部分人开放朋友圈而对其他人保留"三天可见"。（访谈对象 Z1，男）我希望可以实现按照我的不同阶段来设置可见范围，比如我现在工作了，就可以将在校期间的动态设置为不可见。（访谈对象 H1，男）

与微信朋友圈相类似的 QQ 空间就在最新一次的版本更新中在"三天可见""半年可见""全部可见"功能之外增加了"指定日期可见"的功能设置。相较于"三天可见""半年可见"的简单设置，"指定日期可见"功能将设置可见范围的机会和权利赋予了媒介使用者，用户不再是被动地选择时间范围。这一举措也可以视为平台设计者为了满足用户个性化的多维度需要，为用户提供更多主动权和控制权的有益尝试。

"三天可见""半年可见"功能虽然只是软件应用设置里的一个小小开关，但却是目前"微信里面最多人用的一个开关"，[1] 从本质上说，它是一

---

[1] 《官方最完整版：张小龙微信公开课超时演讲，总结微信 8 年》，2019 年 1 月 10 日，https：//mp. weixin. qq. com/s/FgKpY62OceBAPpz5MklS_g，最后访问日期：2019 年 2 月 25 日。

项由强大用户需求所驱动的细微变革。鉴于用户需求和社会交往的动态特征，"三天可见"功能也许会在不久的将来被更贴近用户需求的新功能所取代。换言之，朋友圈究竟应多长时间可见并不是问题的关键，真正关键的是如何理解朋友圈，如何理解用户的复杂、动态需求。

六　结语

在社会交往的过程中，每个人周围都存在一种理想的领域，虽然这种领域在不同方面的范围有所不同，而且会随着关系对象的不同而有所变化，但是这种领域是不能被侵入的，如果有人贸然侵入，那么个人尊严就会受到侮辱。① 与此同时，自我表露在人的社会交往中也发挥着不可替代的作用——能增进个体的自我认识，有助于问题的解决，促进与他人关系的建立和发展，还有益于自身的生理和心理健康。人们需要权衡界限，在隐私和公开、距离和亲密、自主和独立之间寻找一种平衡。②

佩特罗尼奥认为，"边界"管理并不关注心理学意义上的平衡，相反，它关注的是与他人的协调，他并不认为存在表露和保护之间的最佳平衡。③ "三天可见"这一看似很小的添加辅助功能，却带来了微信空间里多种"边界"的重建。同时，"三天可见"功能虽然在一定程度上实现了"边界"的重建，但也带来了交流的无奈和对"边界"的不适应。如何通过新技术的使用建立"边界"共识，以及使得人们通过实践、学习、与他人协商、制定新规则等方式实现自我调整并获得动态平衡，④ 将会持续考验平台设计者的智慧和用户的媒介素养。

---

① 〔美〕欧文·戈夫曼：《日常生活中的自我呈现》，冯钢译，北京大学出版社，2008，第56页。
② 蒋索、邹泓、胡茜：《国外自我表露研究述评》，《心理科学进展》2008年第1期。
③ 〔美〕理查德·韦斯特、林恩·特纳：《传播理论导引：分析与应用》，刘海龙译，中国人民大学出版社，2007，第256页。
④ 黄莹：《语境消解、隐私边界与"不联网的权利"：对朋友圈"流失的使用者"的质性研究》，《新闻界》2018年第4期。

附录　27名受访者基本情况

序号	代码	性别	职业	年龄（岁）	专业背景	学历
1	W1	女	学生	23	法律	硕士在读
2	Z1	男	学生	23	国际商务	硕士在读
3	W2	女	商业服务业职员	22	法学	本科
4	Z2	女	无业	22	汉语国际教育	本科
5	N1	男	学生	29	电信工程	硕士在读
6	W3	男	学生	23	交通工程	硕士在读
7	Z3	女	学生	24	新闻与传播	硕士在读
8	L1	女	企业职员	23	社会工作	本科
9	Z5	男	无业	22	经济学	本科
10	G1	女	个体工商户	23	社会工作	本科
11	X1	男	学生	20	日语	本科在读
12	W3	女	企业职员	23	汉语国际教育	本科
13	S1	男	专业技术人员	25	电气工程	本科
14	C1	女	学生	23	传播学	硕士在读
15	S2	男	党政机关单位职员	22	法学	本科
16	C2	女	企业职员	23	社会工作	本科
17	D1	女	学生	24	新闻学	硕士在读
18	D2	女	党政机关单位职员	25	社会工作	本科
19	Z6	男	企业职员	25	广播电视	本科
20	X2	男	商业服务业职员	23	能源动力工程	本科
21	R1	女	学生	25	传播学	硕士在读
22	T1	男	学生	21	物流管理	本科在读
23	H1	男	党政机关单位职员	23	财务管理	本科
24	S3	男	学生	26	油气工程	博士在读
25	X3	女	党政机关单位职员	25	计算机	大专
26	Z7	男	商业服务业职员	32		中专
27	Z8	女	学生	24	新闻与传播	硕士在读

（感谢武汉大学2019级研究生周堃璐所做的文字和格式校对工作）

新媒体逻辑下的腾讯"谷雨"
非虚构内容生产与传播

王 波 王世宇 宋晓晓 李 佳 刘心雨*

摘 要： 本文主要梳理了腾讯新闻谷雨工作室在非虚构作品生产、传播中的具体实践，以及在与业界深入交流后"谷雨"团队的思考。作为中国最重要的非虚构作品生产、传播和交流平台之一，"谷雨"的作者、编辑和合作伙伴在日常操作中的经验与问题，将会在本文中得到系统地总结与反思。期待这些一线经验与有关问题的梳理，有助于学界、业界研究中国非虚构作品并推动其发展，也期待"谷雨"的日常实践能从学界获得更多的理论反哺。

关键词： "谷雨" 非虚构 生产 传播

随着国内舆论环境和内容生态的变化，非虚构（Nonfiction）内容越来越受人关注，尤其是在媒体语境下的互联网传播平台上，"非虚构"最近几年日渐成为一个热词。

其后的一个行业大背景则是，在内容生产者这一端，传统的市场化媒体平台作为曾经活跃的渠道和阵地日渐式微，附属其下的深度内容生产空

---

* 王波，谷雨工作室负责人；王世宇，谷雨工作室谷雨实验室高级编辑；宋晓晓，谷雨工作室谷雨影像负责人；李佳，谷雨工作室谷雨计划负责人；刘心雨，北京外国语大学 2018 级硕士生。

间收缩、机制瓦解，人力和能力逐步流散，无力再进行可持续的良性循环。在受众这一端则是另一番景象，中国互联网用户尤其是移动互联网用户的基数不断加大，相应地不断催生新的内容消费需求，其中自然也包括对优质深度内容的需求，对这些参差不齐的海量注意力的争夺能力，成为内容生产者和传播平台的核心竞争力。而在两端之间，微信、客户端等移动传播平台勃兴，算法等技术兴起，为深度内容的传播提升了需求匹配能力，甚至一定的变现途径。无论是横向的内容业态多元化拓展，还是纵向的传播链条有效勾连，移动互联网时代的到来，都让内容的生产传播进入了一个新的阶段，也带来了新的不确定性——既有对旧规则、旧秩序失效的不适，也有对新形态、新技术的跃跃欲试和想象空间。

非虚构内容作为优质深度内容的一种形态，可以说一直努力在新旧转换之间进行调适。某种程度上，这也决定了非虚构内容生产者当下的生存状态。

中国当下的非虚构内容生产主要集中在两个圈层：文学圈和媒体圈。文学圈最初以围绕在《人民文学》杂志2010年新开设的"非虚构"专栏的新人作家为主，比如李娟、梁鸿等，后来又有新的力量陆续加入。媒体圈则以《南方周末》《冰点周刊》《人物》《GQ》《南方人物周刊》等传统媒体平台为主，后来互联网平台陆续开始发力，网易、搜狐、腾讯、凤凰网和澎湃等网络平台都有自己的非虚构生产团队和传播团队，只是规模不一，打法也不尽相同。本文主要讨论媒体圈的非虚构生产传播情况，对文学圈的非虚构生产不做赘述。

无论是传统媒体平台还是新兴互联网平台，绝大部分的非虚构内容生产还是脱胎于传统的深度内容（报道）尤其是特稿采写。原有的报道采写基本原则和职业规范依旧有效，并且是决定非虚构作品生死的首要底线，其立命之本在于"非虚构"三个字。在此基础上，非虚构作品比以往的深度报道又多走了一步，围绕真实的人和事，在价值观、审美等层面进行深度思考，然后通过细节和故事等表达技巧，进行更丰富、更具创新的呈现。所以，当下中国最旺盛、最具生产能力的非虚构团队依旧聚集在市场化杂志或有特稿传统的报刊等传统媒体，也就不足为奇了。只是它们生产出来的这些内容，其传播的主要阵地已经不在报纸、杂志等纸质载体上，而在微信公众号、朋友圈等新兴路径上。

这实际上也把传统媒体的内容生产团队和互联网平台的团队拉到了同一个竞技场上。相比较而言，互联网团队的大部分成员虽然来自传统媒体，但在更注重用户体验、更直接面对数据反馈、更容易被技术倒逼的互联网语境里，在选题和表达形式上面临的创新、求变压力会更大，因此也不得不表现出更有活力的一面，在流量和质量之间，不断寻求动态平衡。

概而言之，在有限的内容生存空间里，内容消费需求的海量增加、内容生产能力的此起彼伏，内容传播渠道的兴衰迭代，共同导致了生产、传播和消费均耗心耗力的非虚构内容在当下的内容领域升温。

诞生在求变、求新的互联网氛围里的腾讯"谷雨"项目，生逢其时地经历了这个发展过程，并成长为中国最重要的非虚构作品生产、传播和交流平台之一，近年也越来越多地出现在学界研究非虚构作品的论文中。但碍于"谷雨"自身产品线众多、结构复杂、生产模式多元化，外部研究者在获取信息时难免出现事实错位或结论偏颇。本文会有更准确的相关阐述。

一 "谷雨"与中国非虚构内容的生产与传播

（一）阶段一：支持严肃内容和优秀作者，寻找解决问题的方案

腾讯"谷雨"作为腾讯新闻和腾讯公益慈善基金会共同发起的非营利项目，在 2015 年 4 月 20 日发起时，便致力于支持中国非虚构作品，尤其是重要、严肃内容的创作与传播。

当时，这个带有公益色彩的项目，由腾讯公司副总裁陈菊红推动发起，并给予大力支持，旨在扶持内容行业、繁荣内容生态。在内部，"谷雨"项目以寻找优秀的创作者和作品为己任；在外部，"谷雨"项目则备受非虚构写作、纪实摄影、纪录片等垂直领域的关注，"耕耘中国故事，繁荣业界生态"的倡议在行业内得到热烈回应和各方支持。

现在回过头来看，这个发起的时间可能暗合了某个时间拐点。当时，传统媒体大面积式微，无论是内容生产还是经营发行。即便是最活跃的一线市场化媒体，在经历了增长的峰值后，也开始感受到市场的寒意。行业聚集多年的优秀人才开始加速转型、离散，几代从业者传承发展下来的经典报道体例，也被认为处于衰落的阶段。

关于这种衰落的论调，无论在东方还是在西方，无论在学界还是在业界，都成为时髦的话题：我们所熟悉和依赖的写作技术，似乎都失效了；我们所衡量和坚持的判断标准，似乎也失效了；我们所依傍和维系的运转模式，被认为难以为继了。

很多从业者突然发现，自己竟置身于一个完全陌生的环境中，昔日的辉煌已经渐渐隐去，甚至消失不再，最后一点关于创造的想象和激情正在急速退场。"传统媒体渠道衰落衰亡"在成为共识和现实的同时，"严肃内容死了"的论断也相继登场。

面对这一复杂和困难的命题，置身强大的互联网平台的"谷雨"，选择了支持严肃内容和有深度思考、创作能力的作者，支持利用故事来呈现现实世界，更新写作技术并构建新的标准，和同行、同人一起寻找解决问题的方案。

2015年，"谷雨"支持了知名非虚构作者南香红的作品《中日：没有结束的细菌战》[1] 等7部作品，它们均为非虚构写作或纪实摄影项目。其中摄影师韩萌拍摄的图片故事《何处是我家》[2]，记录了中国福利院里孤儿群体的故事，阅读量达3000多万次。广泛的传播和影响，也让这一项目随后延展成为2016年的纪录片项目"江南女儿"。这一年，"谷雨"支持的项目也拓展到纪录片领域。

2017年，"谷雨"支持了知名纪录片导演范俭拍摄聚焦汶川地震的长纪录片《爱过》等作品，其中《爱过》获得2018年IDF"最具潜力发展计

---

① 南香红：《常德：鼠疫围困的城市（上）｜谷雨故事》，https：//mp. weixin. qq. com/s/MBIvxKqlSELKmgWcWsuYCQ。
② 韩萌：《江阴弃女：那些因超生被抛弃的女婴后来怎样了？｜谷雨影像》，https：//mp. weixin. qq. com/s/lHcS2xRoNzH1EfUp8SHcGg。

划"奖、2019 年 CCDF"最具国际潜力"奖、"亚洲阳光纪录片提案大会推荐"奖和"新西兰边锋纪录片节邀请"奖。2018 年,"谷雨"支持的汶川地震题材的纪录片《十年:吾儿勿忘》① 分别获得 2018 年 IDF"D20 优秀系列纪录片"奖、2018 华时代全球短片节"黑铁时代"纪录单元大奖和 2018 华时代全球短片节"评委会特别提及"奖。由奥斯卡奖得主、导演柯文斯监制的纪录片《初三四班》② 陆续上线放映。

选择这些作品的标准,在于它们是深度关注中国议题的非虚构作品,是涉及社会平等、经济、教育、贫困、重大突发事件等具备话题纵深挖掘的重要选题。它们对真实事件的切入,具备问题意识和人性洞察,同时,专业的表达让故事更具质感,观照到时代精神,并拥有对抗时间的力量。

四年的时间里,"谷雨"始终以"耕耘中国故事,繁荣业界生态"为己任,寻找优秀的创作者,也寻找优秀的作品。这些优质项目纪录、观察了中国当下的变化,及这种变化对世界、对中国未来的影响。在整个行业不乏悲情的基调里,它们见证了"非虚构"逐渐成为媒体领域热词的历程。

为此,《谷雨计划》栏目在 2015 年同期问世,报道非虚构创作领域重要的行业动态、前沿趋势及创作方法,探讨、研究并建立非虚构作品的规范和标准,促进业界、学界交流研讨。几年来,《谷雨计划》陆续对南香红③、李海鹏、蔡崇达、迟宇宙④、袁凌⑤、关军⑥、卫毅、杜强、林珊珊⑦

---

① 小婉、王波:《地震丧女十年后,他们学着做一个儿子的父母|吾儿勿忘①》,https://mp. weixin. qq. com/s/lOULzgrkIR18 – XrpOpj_Hg。

② 万蜜、秦旭东:《北川中学〈初三四班〉:笑着说出十年之痛|谷雨》,https://mp. weixin. qq. com/s/SU5AIpUsbpPI ds9ss78wVA。

③ 张畅:《南香红和她的细菌战|谷雨故事》,https://mp. weixin. qq. com/s/EnTLpOuvC_Wi3IyYmB2e3w。

④ 李亦儒、晏佳伟:《迟宇宙:在虚构与非虚构之间|谷雨访谈》,https://mp. weixin. qq. com/s/wSd8ZTRWJnVJjrOqPuwijg。

⑤ 三桃、南香红、李婧怡:《作家袁凌的前半生:城乡间的徘徊与抗争|谷雨故事》,https://mp. weixin. qq. com/s/2cVT4rQQ8bZ_ – 0dnKghCKg。

⑥ 李亦儒:《关军:近年定了一条原则,不把写作当谋生手段|谷雨访谈》,https://mp. weixin. qq. com/5UzzMeIWcTzG9V2tTcXFjQ。

⑦ 刘青松:《对话杜强、林珊珊:保持善意,但不会刻意去追求人性温度|谷雨计划》,https://mp. weixin. qq. com/s/ – m7dheuora3NNfrmcTbCHw。

等国内非虚构内容生产一线的知名作者、编辑进行访谈，总结他们在具体文章中的操作得失，以及对行业发展现状和未来的思考。

（二）阶段二：确立内容调性、满足用户需求、探索严肃内容的边界

2017 年 7 月，致力于原创深度内容的《谷雨实验室》栏目成立，并在 2018 年 5 月定位于聚焦特稿等非虚构图文作品的生产与传播。

创立于 2010 年 5 月的图片故事栏目《活着》同期更名为《谷雨影像》，聚焦纪录片与纪实视频节目，以"耕耘中国故事"和"眼界即人生"为两大内容标准，开展了一系列纪录片的内容出品与选片工作。

2018 年 8 月起，《谷雨影像》把目光从国内转向国际，在全球范围内找寻优质获奖纪录片，并以腾讯新闻平台为主，打通腾讯系多个平台与终端的界面矩阵，陆续上线运营播出。这批纪录片对准当下社会现实议题，用当代的、批评的、审美的纪实内容，引发受众的情感共鸣、现实思考和议题讨论，为平台用户拓展眼界与生活维度。已播出的国际获奖纪录片有：《书缘：纽约公共图书馆》[1]（威尼斯电影节入围，导演怀斯曼曾获奥斯卡终身成就奖）、《我的物品》[2]、《暮年之光》[3]、《老年公寓清洁队》、《新闻编辑室》、《鸡王争霸赛》、《纸牌人生》、《勿忘我》[4] 等。

这些纪录片和栏目日常产出的内容，逐渐形成了"谷雨"在影像方面的调性，也与《谷雨实验室》一起形成相对统一的风格和趣味，满足用户对深度内容的需求，也探索着严肃内容的边界。

---

[1] 陈思毅、韩萌：《拒绝图书馆消失的 N 个理由》，https：//mp. weixin. qq. com/s/kM6C_471LNbI7AaAj0Stfw。

[2] 苏黎黎、宋晓晓：《26 岁失恋小伙大玩断舍离，365 天重建生活空间》，https：//mp. weixin. qq. com/s/RZ7IwqmpldMaM35P8KI2RQ。

[3] 苏黎黎、宋晓晓：《元宵佳节，游子献给母亲的影像诗｜谷雨影像》，https：//mp. weixin. qq. com/s/J9 - pKBKxIP7cdsX - mZ1QNA。

[4] 苏黎黎、夏末：《失忆之前，让我对你说三个字｜谷雨影像》，https：//mp. weixin. qq. com/s/ht4Yc6 - 8ThgiZ2TbGyMBgQ。

谷雨实验室的作者和编辑，有的是"谷雨"内部员工，有的是国内外有志于非虚构内容生产的个体，还有的是国内目前最优秀的特稿生产团队成员。这些身份不同的人能够聚在一起、共同出发，基于一个根本理念——真实而深入地呈现事实。对于人类社会来说，真实而深入地呈现事实始终、从来、永远是一件至关重要的事情，人类为此做过浩如烟海的工作，文明的存续也依赖于这项工作。①

而今天的问题是，这项工作还有多少人在做，又该怎么去做？

借助新出现的名词——社交媒体、娱乐周边、直播、短视频、信息茧房、算法分发，种种新产品和新技术构成的信息世界，体现了生产和生活方式的巨大进步。置身于这个五彩斑斓、日新月异又充满巨大不确定性的新世界，那些坚持严肃内容生产和传播的人，该如何自处？

2018 年 10 月，谷雨工作室成立，包括《谷雨实验室》《腾讯大家》《短史记》《谷雨影像》《谷雨数据》和《谷雨计划》6 个栏目，和腾讯新闻旗下其他几个工作室一起，继续承担内容原创功能。

"谷雨"品牌在非虚构领域慢慢被认知、被认可，也发展成为中国互联网平台上最优质、规模最大的非虚构创作与传播平台，乃至国际上的活跃力量。2018 年 11 月，腾讯新闻《谷雨影像》，成为全球最大的纪录片电影节——阿姆斯特丹国际纪录片电影节（IDFA）史上第一个中国决策机构，评选来自全球顶级导演的纪录片项目。2019 年 4 月，腾讯新闻《谷雨影像》团队作为决策人，成为北美最大的纪录片电影节 Hot Docs 史上第一个中国决策机构，评选来自全球顶级导演的纪录片项目。在这届电影节上，《谷雨影像》出品和支持的三部作品从超过 250 部作品中脱颖而出，入围提案大会。② 2019 年 9 月，《谷雨实验室》和故事硬核出品的系列报道《废物俱乐部》，在全球九百多篇作品中脱颖而出，获得首届"真实故事奖"第三名。③

---

① 谷雨工作室：《谷雨奖，即刻出发！》，https：//mp.weixin.qq.com/s/oiWs3pSagyLxk6sbuyYn2Q。
② 夏偲婉、韩萌：《北美最大纪录片节落幕　多部腾讯出品项目入围 | 谷雨计划》，https：//mp.weixin.qq.com/s/ADO3yt4kzPw0sp9OP1llxg。
③ 杜强、林珊珊：《废物俱乐部：三和女神红姐和她的男客们》，https：//mp.weixin.qq.com/s/laedyySILuokIxsIhkb7GQ。

2019 年 4 月 20 日，腾讯公益慈善基金会与腾讯新闻再次携手联合发起纯公益性质的"谷雨"奖，邀请业界资深人士、学者、导演等，推选严谨、上乘、不拘一格、锐意进取的作品，鼓励承认时代变化、适应时代变化并做出革新和尝试的内容生产者。大家希望通过秉持专业和公心的努力，能够提升整个行业的水准和活力。

二　"谷雨"的非虚构内容生产与传播

自明确定位后，《谷雨实验室》截至 2019 年 8 月已发表优质特稿二百多篇，其中微信公众号阅读量超过 10 万次的文章有 20 多篇，篇均阅读量达到 4 万次以上，流量增速、文本质量、爆款比率、内容口碑等互联网时代通俗意义上的考核指标，均比较亮眼。

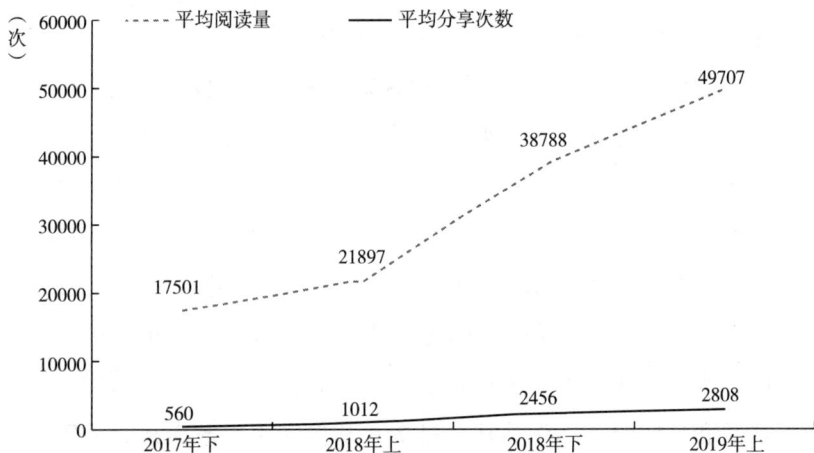

图 1　《谷雨实验室》2017～2019 年微信端平均阅读量和平均分享次数

在这些明眼可见的数据和指标背后，是编辑部、作者、合作团队在实践中形成的相对稳定的方法论和操作理念。

（一）选题标准：公共性、故事性、时代性

新闻学者、前资深媒体人庄永志曾指出，目前中国非虚构作品的问题

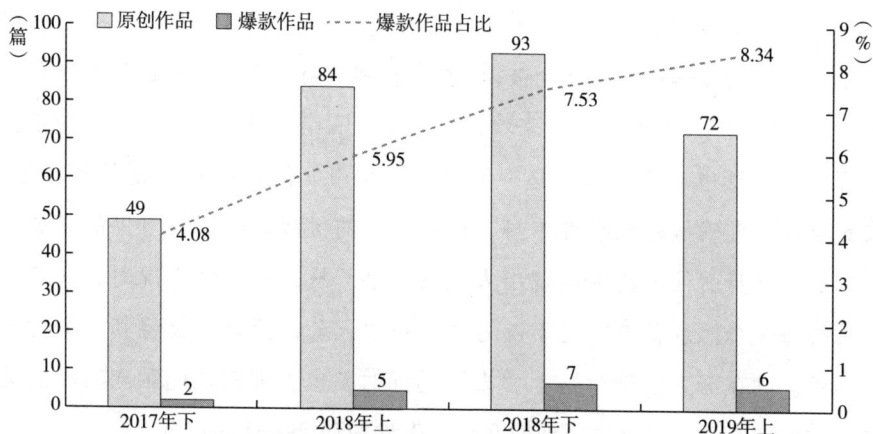

图 2　《谷雨实验室》2017～2019 年微信端作品情况

之一是题材单一，相当多的新手选择亚文化题材，如街头行乞者、同性恋者、跨性别者、吸毒者、COSPLAY 爱好者、LO 娘，以及新出现的职业人群，且多为类型化故事。[①]

"谷雨"在日常操作中，尽力做的就是打破类型局限，尽力放弃对底层叙事的依赖。在选题的大方向上，强调公共性、故事性、时代性。

所谓公共性，就是在传统的媒体报道所强调的自由、公平、权利等公共性议题的基础上，更加强调在多元化的社会时代背景下，对个体和个性的关注。

如果说传统的调查性报道呈现的面貌是"金刚怒目"，散发着"威而猛"的气质，追问的是事件的真相和原因，那么非虚构作品呈现的状态则是"进退有度"的"温而厉"，在调查报道所追求的真实、客观和平衡的底色上，更深入一步，在逻辑和情感的基础上，对事件中的人或发生在人身上的事件进行有文本质感的还原，寻求共情和理解。"人"始终是表达的目的和核心，在一篇优秀的非虚构作品里，读者需要见人、见人心、见人性。

---

① 庄永志、郭祎：《九大维度"肢解"非虚构写作，你的文章足够优秀吗?》，https://mp.weixin.qq.com/s/USa0hUaQg9mAx95y7wHdpw。

武汉理工大学研究生陶崇园自杀案件发生后，谷雨实验室发布了两篇文章——《陶崇园：被遮蔽与被损害的》①和《导师王攀：我的道德情操超越时代50年》②。从案件本身来看，当事一方陶崇园已不在人世，其他信源能提供的信息也非常有限，这一情况导致在事实层面存在一定的模糊性，要想全面、准确地还原事件本身，存在很大的挑战。但纵观事件的发展脉络，事件本身就很丰富地展现出人性的复杂。从外围了解情况时，作者葛佳男把每一个愿意发声的对象视为独立的主人公，而非仅仅将其作为功能性角色。她在努力去理解这个"人"的同时，也去理解他们跟陶崇园的关系，他们怎么看待这件事，他们在整个事件中处于怎样的位置。

在这样的维度下，作者发现了解释"事情如何发生的"不一样的东西——每个人都渴望被理解，不过大部分人没有得到真正的理解。

好的非虚构内容，意味着人们从中更能理解他人、理解世界。从这个意义上讲，在调查性报道囿于各种原因日渐式微的同时，非虚构作品以自身的艰难努力，对公共性进行了一定程度的拓展。

这种拓展一方面通过作者的作品把对主人公的深刻理解传达给用户，在多元化的环境里完成人与人的连接，促成个人与他人、某个群体与其他群体从了解到理解；另一方面，也让越来越原子化的个体在尊重个性的同时，发现共性、产生共情甚至寻求共识，塑造信息传播语境下的命运共同体。大家一起借助优质的非虚构作品，生动地感知真实世界里共同的生存困境或未来出路，也能带着更大的包容心理解和尊重世界的多样性。

所谓故事性，是指非虚构写作的本质就是要通过对真实故事的讲述，用事实的力量去吸引、辐射或者说服别人。

故事性来自人物或事件的冲突性，即人在处理与自己、与世界的关系时产生的张力，也来自叙事者自己在表述事实时的语言张力，还有被对人

---

① 葛佳男、王天挺：《陶崇园：被遮蔽与被损害的 | 谷雨奖》，https：//mp.weixin.qq.com/s/WeYCq8NPKKlFvBIFfp - r2Q。

② 葛佳男、王天挺：《导师王攀：我的道德情操超越时代50年 | 故事硬核》，https：//mp.weixin.qq.com/s/BaPMJr7WcJoYRekrKKYk - Q。

性的揭露所激发出来的价值和审美层面的冲突，这些内容是超越具体事件和技法层面的，并且容易和用户产生碰撞。

冲突性包括内在冲突和外在冲突。在《谷雨实验室》推送的文章《龙泉寺高知出家人的母亲们》[①] 中，故事主人公是高知群体，却选择了出家，这个行为本身存在着强烈的内在冲突。他们的母亲既是事件的亲历者也是儿子生活的旁观者，同时自身存在着内在的冲突。儿子与母亲的沟通、碰撞是第一层的外在冲突，而在更大层面上，出家的选择与世俗的标准又发生了更大的碰撞。这几层冲突与碰撞交织在一起，故事的元素不仅足够丰富，而且也具备了足够的延展性和多义性。这种立体化的复杂呈现，会引发读者的情绪共鸣和深入思考，而不仅仅停留在猎奇层面。

所谓时代性，就是选题的重要性、呈现方式和话语风格要符合当下的语境，反映时代特征，契合用户当下的需求并挖掘潜在的需求。贯穿在"谷雨"日常业务实践中的有两个词——同构、共振。即选题覆盖的领域要与社会同构，比如在城镇化、老龄化进程越来越深入的当下，在互联网越来越渗透进生活，用户群体越来越年轻、越来越下沉的可预见的未来，我们对乡村和城市、对不同年龄人群的关注，在结构上所占的比率要相对匹配；虽然非虚构作品的选题因为追求深度和尽可能多的细节而不得不耗时太长，团队也会要求选题介入的时间与现实事件的发展尽量同步，对关注的议题尽量有自己独特的角度，但也要与社会关注的焦点尽量同频共振。优质的内容可以不迎合用户，但必须得关心用户的需求。

在当前网络环境下，用户遍布各线城市和村镇，他们对善恶、是非、美丑的理解是复杂多元的。好作品不仅呈现给用户事件本身，还要延展到非常明确的时代性，促使人们对一件事情形成多角度的理解。在《谷雨实验室》的文章《卷入女儿耽美举报案的武大教授》[②] 中，作者袁琳所讲述的

---

① 韩墨林、金赫：《龙泉寺高知出家人的母亲们 | 谷雨》，https：//mp.weixin.qq.com/s/VT0Eojla5fuDWHBQ5Wu8Yg。
② 袁琳、金赫：《卷入女儿耽美举报案的武大教授 | 谷雨》，https：//mp.weixin.qq.com/s/uKIM370CvYq05nW1tz9DIw。

故事包含了多重势力的对立，以及各自对善与恶的理解。尽管事件还在进展中，在短时间内可能不会有定论，但"谷雨"团队在讨论这个选题时，很快断定这是一个最新类型的选题。除了可以对事情本身进行讨论，还可以挖掘其延展性，它实际展现的是多重势力的对立，呈现出很多的对立面：二次元和三次元之间的对立，校园内的权力与校园之外的权力的交换。"谷雨"并没有像同行那样操作，聚焦关于具体法律问题的讨论，而是在更大层面上，让二次元世界和三次元世界产生对话，让故事的表达处在一种高度紧张的冲突中。

我们希望我们的切入视角能引人更深入地思考：在现实与虚拟越来越交互衍生的信息世界，我们的生活是由圈子组成的，圈子和圈子之间逐渐形成坚实的壁垒，人们分享着不同的语言习惯、话语规则和权力结构。在这个选题中，我们讲述的是一个逐渐走向失控的故事。作者从这些圈子的边缘出发，去逐渐理解那些壁垒和各种权力交织的世界。这个故事的丰富性，使我们能够站立在一个恰当的位置，打开一个窗口，尝试着去理解在打破不同圈子的界限时会发生什么。

该文章点赞最多的一条读者留言说："事情发展到现在，或许真的无关乎'耽美'这类话题的刻板印象标签，而在于我们什么时候才能做到以人为基础去尊重彼此。"

"谷雨"始终强调，一个好选题应该符合时代的要求。作者和编辑都站在当下的坐标里，去理解当下人的情感、所思所想和生活方式。2019 年 1 月，《谷雨实验室》推出《大厂程序员的老实人生结束了》①。事件背景是 2018 年年底，特别是最后一个月，大量互联网公司开始裁员。因为涉及年终奖考核问题，很多媒体都关注到这个现象。"谷雨"的编辑和作者在做这篇深度报道的文章前，看了一些同行的稿子，觉得可以有一个更好的切入角度，最后锁定标签性一直比较强的程序员群体。这是因为程序员是整个互联网的大基础，他们被裁员能够反映此次潮流的特殊之处——互联网公

---

① 姚胤米、金赫：《大厂程序员的老实人生结束了 | 谷雨》，https：// mp. weixin. qq. com/s/ IX7lYhfhBEISt－veTZfw－g。

司的创业从风口到了一个新关口。这个群体的命运起伏是与整个互联网行业最息息相关的。最终确定作者姚胤米以他们作为切入点来书写这一次的裁员风波。编辑金赫在处理这个选题时，并不仅仅将裁员作为一个孤立事件，只是提供信息，而是更看重故事本身的质感——故事之中人的冲突、时代的冲突，思考其中是否有值得挖掘的当代情感和值得讨论的东西。比如，一直在人们印象中作为符号存在的程序员群体，其实象征着一种稳定的、机械的人生，符合过去几年主导科学圈的叙事。但实际上仅止于此吗？这种稳定能够持续下去吗？直到这个寒冬来临，我们发现，原来大家都是局中人。对我们这代人来说，未来能期待什么？大厂程序员的故事可以给人很多启发，最终这也成为这篇稿子能够很好地传播的关键。

（二）选题执行：点、线、面上都做到稳、准、狠

"谷雨"除了内部作者，还有大量外部作者，以及故事硬核这样的相对稳定的合作团队。如何保证不同作者的选题趣味和文本质量有一个相对一致的标准，团队内外都在不断地尝试和调适。

在当下几家最主要的非虚构内容生产阵地里，无一例外都是大编辑模式。作者在一线采访和写作中有充分的自由度，但编辑需要对成品的质量把关、负责。在"谷雨"，编辑更像一个内容产品经理，自始至终需要把控整个流程。针对选题的取舍、操作路径和文本故事的走向，"谷雨"要求编辑必须和作者进行充分、及时的沟通。

一旦选题确定便开始操作。作者在见访谈对象之前必须做大量功课，准备资料，列出提纲，确定访谈问题的优先级。操作《大厂程序员的老实人生结束了》时，编辑部要求作者首先对互联网裁员潮有相对充分的了解，重点关注几个比较有代表性的公司，然后再根据程序员在公司和具体产品中承担的角色和功能，去找更微观的切入点。在切入点上怎样寻找访谈对象、怎样去突破，每个作者有不同的办法，互联网时代的写作者比前辈拥有的得天独厚的优势是有社交媒体的帮助。比如在寻找程序员时，作者姚胤米通过陌陌、知乎、微博等方式，广撒网寻找访谈对象，一边等待对方

回复，一边继续做功课准备资料。确定访谈对象之后，因为还不知道谁会成为故事的主角，所以要对每人进行无差别的访谈。见了几个人之后，主角会逐渐地浮现。这个角色能够提供的故事细节等信息、能够给出的个人感受，必须跟故事最终的框架最贴近，一定是最能够服务于整个故事核心的那个存在。其他人的故事，则围绕核心故事做有效和有益的补充。而编辑和作者对文章框架的搭建过程，其实就是逐步寻找和最终确认文章主角的过程。

这也是非虚构作品的典型操作方式：在面上建好坐标系，确定要表达的内容在大背景里的位置感；在线上定明方向，确立一个相对清晰的推进思路，并预判一些不确定性，留下容错空间；在点上找准切入口，通过丰富的细节获取，确证素材是否能够支撑叙事的逻辑和框架。一旦发现有较大出入，就及时调整方向，纠偏并确立新的表达路径，以免在错误的路上越走越远或者往死胡同里越走越深。非虚构作品操作过程中非常强调编采及时交流的重要原因，也正是在此。大量的访谈最后需要大体量地呈现，必须在点、线、面上都做到稳、准、狠，而最准确的语言自然也是最生动的，最稳定的逻辑框架和叙事视角有助于更立体的表达。

在同一个社会现象、同一个热点事件里，非虚构作品的独到与诱人之处在于：在一个个点上，通过细节的捕捉，确定理解事实的入口，重建叙事的时空代入感；在线上，理清具体的脉络和细微的感受，将对事件的认知和思考推向纵深；在面上，注重层次感，注重主题表达时的纵横延展。GQ 报道的文章《乔任梁的半途人生》，非常细节化地还原了乔任梁自杀之前做过的事情，具体到他是从二楼什么地方走下来，做了什么事情，点了一份外卖，里面有哪些菜，他吃了几口。这些细节看似细碎而不重要，但被放在具体的时间节点上就会显得非常重要，能让读者感觉到这个事情正在发生，进而把读者带入事件发生的情境。有时候，正是细节激活了读者的认知和情感状态，构成了一篇优秀非虚构作品的穿透力和生命力。而在文章《陶崇园：被遮蔽与被损害的》的具体操作中，从事实层面的信息增量来看，作者葛佳男并没有拿到有关事件更多的证据和信息，来确证一些更具体的事情或披露一些大家未知的内幕。很多愿意发声的学生，讲述的也是已经被媒体报道过的事情。但从非虚构作品角度的信息增量来看，作者清晰地还原了事情是如何发生的。这粗看起来与此前的报道相似，但细究起来则有一些具体而微妙的差别。比如采访到的内容都是老师让学生给他按摩，去他家里做训练。但是当具体的人讲，老师叫他到家里时是怎么跟他讲的；他当时是什么心态；他以为这个事情会如何进行；当他真的到了老师家时，老师是怎样让他进行这件事情的；在给老师按摩每一个部位时他自己的心理有什么样的变化；他出于自己的学生身份和师生关系，如何消化自己的内心变化，并且积极应对这个事情……这些细节描写会让读者清楚地知道这个过程是如何发生的。和读者只知道发生了什么相比，上述描写会让读者对整个事情有截然不同的认知。①

而在文章《中产从此难续租》中，话题虽然是讲 2018 年夏秋之际北京房租突然暴涨后，租房的年轻人面临着突如其来的生活压力大增，编辑和作者在处理这些群体故事时，不仅停留在租房本身，而是从租房延展到一群人的生活方式。这群人原本以为可以长期在北京租房生活，并以此为基础，规划自己未来几年甚至十几年的人生，但现在，这个规划的根基不存在了。房租上涨，表面上是大家的生活支出很直观、很明显地增加，但内里更深层的逻辑则是人们对未来的预期被打破了。原本有序的秩序和情感被打乱后，读者很容易被文章内容触动，在外界信息的刺激下，产生碰撞和共鸣。

信息的生产传播是一个生产者编码和消费者解码的过程，尤其是体量大的非虚构内容，需要占用用户更多的时间和精力，尤其考验其耐心。生产者只有在具体的点、线、面上下功夫，用心编织出信息绵密而节奏缓急有度的内容，才能把用户留下来。一旦留下来，作者的苦心不仅会被受众感知，同时，这个抽丝剥茧的过程，也会唤醒他们的感知能力、好奇心和耐心。

---

① 刘青松：《10 万 + 压力下，如何做出好特稿？｜谷雨沙龙》，https：//mp. weixin. qq. com/s/zbmyj2JNpQGRcJdYaFVJlw。

三　新媒体环境下非虚构内容的挑战

（一）传播情境变化下既有技术和规范失效

在传统媒体时代，篇幅长、体量大的非虚构作品传播终端主要是报纸、杂志版面和电脑屏幕上的网络页面；在移动互联网时代，非虚构作品的传播主阵地逐渐转向了微信公众号，辅助阵地是各种新闻资讯客户端，它们的共同特点是终端都是手机屏幕。更强大的传播渠道，让非虚构作品继续验证着自己极具穿透性的影响力。

阅读场景或者说信息消费场景的大转场，也渐渐使内容生产、在运作规则不得不转变。在移动互联网时代，用户对信息的获取和使用，很多时候是在手机上一划而过，继续看或者不看的切换，也就是在几秒之间决定的。传播情境的变化，会导致一些既有的技术和规范失效。

生产者在编码时的精心，会在轻阅读、快消费的使用者解码时遇到挑战，一方没有耐心去感受和理解另一方的良苦用心。谷雨工作室曾经推出有关某高校学生坠楼的近万字文章，主要信息来自学生方的家人、朋友和同学，校方工作人员只是做了简短回应。为了平衡这种信息的不对称，作者和编辑尽量采用在传统媒体时期常用的处理手法，努力做到客观和准确，期望促成人们对事件本身有全面、理性的认知，对悲剧本身有深入的反思，以避免类似事件再次发生。但文章推送后，留言和评论几乎是非理性的一边倒。团队事后在业务例会上复盘时认为，大量用户不像报纸、杂志的读者一样有耐心把版面上的每一个字认真读完，去领会字里行间的细微表达，而文章中一旦有信息点失衡或者有容易爆发的情绪点，都会被互联网场域放大，这意味着传统的职业操作规范转移到一个新的场景后遇到了新的挑战。谷雨工作室另一个栏目推送了一篇有关年轻人生育话题的文章，其阅读量远不如预期。在推送后不久，编辑拿起手机查看时便发现，文章前少半部分是介绍日本、韩国的情况，后面绝大部分是中国的情况，在电脑上编辑时，面对大屏幕逐字逐句地仔细琢磨没有觉得有什么不妥，然而，打开手机在微信公众号上看的时候，手机刷过前三屏，还都是两个邻国的情况。尽管以传统的标准来看文章质量不错，而且后半部分与用户的相关性也很强，但用户没有耐心等待。文章阅读量不高，阅读完成比也不好。

"如果一篇稿子花了那么大的精力，没有被更多人看见，只有几千阅读量的时候，是让人觉得很难受的事情。"在谷雨工作室组织的"非虚构创作论坛"① 上，《人物》杂志兼《每日人物》主编张寒曾这样说。内容生产运营团队很大的负担来源于争夺"被看见"的压力，人们的碎片时间正被各种视频和"鸡汤"文章所切割，大家需要从成千上万的公众号中突围出来，需要被看见。

（二）基于互联网逻辑的优化尝试

当然，一篇优质内容得不到相应的广泛传播，质量没能在流量上得到体现，不能只是遗憾，而是需要去优化。在谷雨工作室，优化的方式是需要按照互联网逻辑实现的。

首先，内容产品必须尽力从需求上去匹配用户。在移动互联网用户不断下沉和年轻化的背景下，"谷雨"要求选题年轻化、未来化，在关注和记录中国当下变化的同时，期待能获得更多活跃的年轻用户，并与他们产生连接。《谷雨实验室》2018 年在北京房租大幅增加的背景下推送的文章《中产从此难续租》，讲述一线城市上班族的租房故事，微信阅读量达到前所未有的 90 万次。文章记录和描写的年轻群体的生存状态，使用户感同身受并引起了广泛共鸣，仅仅基于北京本地人的留言就再生产出了一篇新的文章。能够观照人和时代的情感，是非虚构作品的核心，也是通常意义上一篇好文章的价值所在。在科技创新的驱动下，年轻人的生存、生活方式越来越多元化，群体的分化也会越来越明显，并构建出越来越多充满生活元气的领域。他们既是内容的消费者，也是内容所关注

---

① 施展萍、方成：《与贾樟柯一起，明白我们"此时此刻怎么活着" | 谷雨非虚构论坛》，ht-tps：//mp. weixin. qq. com/s/Upkf9qtuuH_MIfM4WyKFBA。

和表达的对象，成为内容生产的素材和源头。这种互为因果的相互塑造、往复衍生的状态，在信息时代被放大，也让非虚构作品的主题表达更有层次感和复杂性，可挖掘的空间变大而且更立体。这些选题除了具备最基本的公共性、故事性和时代性，还更多地强调亲近性。《谷雨实验室》发布的文章《终身难愈：没躲过疫苗后遗症的孩子们》①，结合社会新闻热点，作者在有限的操作时间里，与几位疫苗后遗症儿童的家长深入交流，记录下他们的故事，这些故事触及了用户的情绪敏感点，激活了他们对现实的感知力，阅读量自然也不低。

其次，内容产品需要从技术上去满足进而培养用户需求。新媒体时代，社会结构、人际交往方式、生活方式和审美趣味发生着很大的变化。信息的获取越来越便捷，用户既可以主动搜索，也可以等待被动投喂。这样的信息环境，会让人感觉更舒适，而不是更警醒；认知更钝感，而不是更敏锐。这就是海德格尔曾经描述过的技术对人的摆置，也就是什克洛夫斯基所说的知觉的"自动化作用"。在这个过程中，真实生活的感觉自然也就从中脱落了。非虚构作品要做的，就是把一个好故事尽可能精彩地呈现出来，推给喜欢它的受众。这个过程是一个翻译的过程，也是一个从技巧和技术上不断尝试和更新的过程。

事实上，"谷雨"也采用了多种最新的叙事技巧，它们不属于经典的特稿模式。比如《天才球员董方卓的残酷答案》②，文章中有一大段文字运用的是自由间接引语，这种表达提升了话语的效率，同时又技巧性地使作者、讲述者和读者之间产生对话，叠加了生活的经验，使文本产生一种穿越感。而在《我的太太得了产后抑郁》③一文中，故事的开篇运用了第二人称写作手法，文中视角不断变化，通过丈夫和妻子两个版本的叙述，激活"产后

---

① 袁琳、王波：《终身难愈：没躲过疫苗后遗症的孩子们》，https：//mp. weixin. qq. com/s/UVoaF4D1lmjkleq7mOtXrA。

② 王天挺、林珊珊：《天才球员董方卓的残酷答案》，https：//mp. weixin. qq. com/s/fo-MYf1rD3GKB_GD8thbkpQ。

③ 魏玲、王天挺：《我的太太得了产后抑郁 | 谷雨》，https：//mp. weixin. qq. com/s/s47Wez5nSTBLt8FkQCl6Aw。

抑郁症"这个话题。

如今，基于移动互联网传播的非虚构写作，对倒金字塔结构的要求更强烈。既要求长篇文章的看点前置，也要求在故事的表达中更注重技巧、节奏，更注重用户感受，还要求在结尾时有精彩的细节或金句。毕竟能看到最后的用户一定是最忠实的或最喜欢的，他们在该作品上花费了比其他人更长的时间、更多的注意力，因此要让他们在离开时有所收获、觉得值得甚至心满意足。所以，结尾不能仓促，要有记忆点。如果说非虚构作品是互联网世界里的一款产品，那么用产品逻辑的话来说，生产运营者需要让自己的产品界面更友好。

最后，内容产品需要从形式上适应用户需求。当越来越多的互联网用户尤其是年轻用户更愿意观看图片、视频等更直观的内容时，真相和故事也可以通过这些内容载体被认识到。"谷雨"作为国内较早尝试融合报道的团队，在 PC 端作为主要的传播终端时，也曾在同一篇报道里融入文字、图片、视频、数据等各种呈现形式，尽量让内容更丰富。但随着移动互联网时代的到来，手机成为主要终端，算法和分发技术成为新的热词。"谷雨"依旧希望生产的内容能通过不同的形式触达用户。谷雨工作室旗下除了《谷雨实验室》，还有《谷雨影像》《谷雨数据》等二级品牌，对融合报道的理解也有了新的变化——融合的目的不是在同一个报道里让样态或形态更多，让体量变大，这种思考问题的角度还是传统的作者或作品的角度，而未能顾及受众的感受，毕竟依靠手机快速消费内容并且很容易被其他信息打断的受众，很难有耐心付出与作品体量相适应的精力；融合的最终目的，应该是从用户或者传播的角度出发，提高内容的传播效率，更好地匹配用户需求，节省用户的时间成本。

如今，"谷雨"依旧在尝试通过图片、纪录片、纪实短视频和数据等形式，互相配合、全面深入地讲述同一个主题故事，但是图文部分只会发在《谷雨实验室》，视频部分只会发在谷雨影像，数据部分只会发在《谷雨数据》，然后通过平台的分发技术，把同一主题的内容推送给对不同内容形式最有需求的用户。

（三）有关非虚构行业的思考

时至今日，已毋庸讳言，非虚构内容领域的前一代领先者已经陆续退隐甚或离去。他们所创新的创作技术，已经开始显现流于套路的趋势，千篇一律的细节描写和文章架构，模糊化了非虚构创作本身应有的多面性和穿透力，也带来了读者的阅读疲劳。在消费升级的时代背景下，人们对内容的消费也在升级。非虚构内容生产必须要不断在形式和内容上推陈出新，这已经成为业界共识。

但非虚构内容创作是个门槛较高的行业，正如分管谷雨工作室的腾讯网副总编杨瑞春指出的，非虚构内容生产不仅要求作者有好文笔，还要有敏锐的洞察力、好奇心和行动力。有些有时间长度的题材，还要求作者对社会环境有密切关注、深入体察，对历史和现实有深厚的认知。[①] 内容终归是作者对世界的接触、理解、认知与呈现，文字表达能力只是基础，作者与外部世界的交流、理解与共情能力，才是最终的"天花板"。显然，能掌握这些方法、积累足够知识的年轻人，还有比非虚构内容行业更好、更有诱惑的去处。

这个原本需要足够人力和智力的领域，所面临的严峻现实是，不断有优秀的人才受到外部环境的影响而离去。新进人员虽然也不少，但能够带领他们迅速成长、有一定从业经验和技能的编辑出现断档，这导致大量充满热情的年轻作者长期在低水平上徘徊不前，而整个行业非常缺乏后备人才。近几年，在不同机构组织的与非虚构内容有关的论坛或会议上，能被邀请来做分享发言的资深从业者，就是那么几张熟悉的面孔。这种状况一方面说明大家不辞辛劳地为非虚构内容的发展贡献力量，另一方面也说明这个行业缺乏优秀的后继之人。非虚构行业要想发展，必须得走出"同温层"，只有更多的人加入并得到成长，才会为行业注入活力，孕育新的可能。

---

① 施展萍、方成：《与贾樟柯一起，明白我们"此时此刻怎么活着" | 谷雨非虚构论坛》，ht-tps：//mp. weixin. qq. com/s/Upkf9qtuuH_MIfM4WyKFBA。

除了质量起伏不定，流量的压力也与日俱增。而要维持一个行业的可持续性发展，商业变现、自我供血的能力也是不得不需要进一步考虑的长远问题。2018 年以来，《谷雨实验室》有作品售出改编权，《谷雨数据》《谷雨影像》等的专业能力，也获得不少品牌的关注，并与它们进行了合作。2019 年 5 月，《谷雨影像》推出单集时长 10～20 分钟的《加油！赶路人》①《青潮魂动》② 等系列纪实视频项目，以更高的内容消费效率顺应互联网受众需求的同时，保持内容调性和媒体属性，并尝试与客户需求连接，探索属于非虚构内容体系内的商业变现渠道，使普遍叫好不叫座的纪实影像逐渐形成一个合理、健康、可持续发展的内容消费生态闭环。但这些做法都还处于尝试阶段。

作为媒体内容中比较特殊的品类，非虚构作品无论是特稿还是纪实影像，其讲故事的独到能力、独特质感及其所意味的价值，正越来越多地受到关注。而对传播平台来讲，无论在战略层面还是战术层面，非虚构作品既是内容生态的重要组成部分，也是眼下构建内容壁垒、提升内容质量、塑造内容品牌不得不做的事情。

放眼整个内容行业，内容生产侧正面临政策空间和市场压力的双重约束，但在需求侧，随着用户数量的增长，他们对内容的消费正迎来前所未有的大爆发，这些流量终究需要内容去承载，尤其是一些有价值的注意力更需要投向有价值的优质内容。这对非虚构内容来说，是挑战更是机会。《谷雨实验室》在过去一年推出的不少内容，也印证了这一点。这些触摸到时代脉搏细微搏动的选题，不少取得了成功——不仅流量好，而且获得了金字节奖、谷雨奖、湃客奖等目前最活跃的互联网平台设立的内容类奖项，还带动了《谷雨实验室》的用户增长，形成了一个相对良性的循环。眼下依旧是个优质内容相对稀缺、故事的价值还没有

---

① 姚胤米、迦沐梓：《网红邢立达：学渣少年“不务正业”追恐龙成了科学家｜谷雨影像》，https：//mp. weixin. qq. com/s/4tFVvFPxeZP4 – sT1BSFnVg。

② 施展萍：《冠军老板冯正：如今只为热爱，不论输赢｜谷雨影像》，https：//mp. weixin. qq. com/s/RbktgWPEmXB62DN0Mv69Cw。

被充分发掘的时代，"谷雨"和同行们进行的这些尝试，仅仅提供了一个小小的样本。

　　未来的不确定性依旧很多，无论如何，正如"谷雨"特别读者、著名导演贾樟柯所说："在这个变化剧烈的年代，非虚构写作和影像让我们知道自己此时此刻正在怎么活着。"①

（图表资料来源为作者自行整理）

---

① 施展萍、方成：《与贾樟柯一起，明白我们"此时此刻怎么活着" | 谷雨非虚构论坛》，https://mp.weixin.qq.com/s/Upkf9qtuuH_MIfM4WyKFBA。

全媒体时代主流媒体履行
社会责任的传播创新机制*

李　理　陈香颖　张华琳**

摘　要：　在回溯描绘媒体社会责任传播创新实践的过程中，本文主要
分析 11 家主流媒体 42 份媒体社会责任报告经验材料的两类
问题：一是界定并论述"什么是媒体社会责任"；二是围绕
"媒体社会责任"所展开的媒体传播创新实践活动。本文试
图回答：全媒体时代媒体如何创新性地履行媒体社会责任？
本文将采用清晰集定性比较分析方法（cs - QCA）的质化实
证研究，从评价主体、指标体系量化标准、评价范围、评价
结果等方面系统考察主流媒体社会责任传播实践得以创新实
现的成因，创新因子间互动关系、可能性条件组合，以及如
何通过成因组合激发媒体社会责任的创新实践。我国主流传
媒业的创新改革充分倡导和规范社会责任的传播实践，一方
面依靠新闻理想和制度机制等人为措施；另一方面从技术逻
辑出发，严格科技程序的无声强制演变，抛弃利益纠葛。

＊　本文为武汉大学自主科研项目（人文社会科学）研究成果，受"中央高校基本科研业务费
专项资金"资助，是教育部人文社会科学重点研究基地重大项目"互联网传播形态与中西
部社会治理"（17JJD860004）的阶段性成果。

＊＊　李理，华中师范大学新闻传播学院副教授，硕士生导师，传播学博士，研究方向：媒介伦
理与传播理论；陈香颖，华中师范大学新闻传播学院 2018 级硕士研究生；张华琳，华中师
范大学新闻传播学院 2018 级硕士研究生。

关键词： 媒体社会责任制度耦合 传播创新实践 清晰集定性比较分析方法（cs－QCA）

一 问题的提出

习近平总书记在 2019 年 1 月 25 日主持中共中央政治局就全媒体时代和媒体融合发展第十二次集体学习时指出，"推动媒体融合发展、建设全媒体成为我们面临的一项紧迫课题"。[①] 媒体社会责任的履行情况是塑造社会公信力的基础和决定因素，关联着传媒格局的市场化进程和法制化治理，以及人们对强化媒体履行社会责任的道义呼吁和公开监督。一些媒体社会责任意识淡薄、漠视应当承担的职责，部分媒体单位和新闻工作者对媒体社会责任的概念理解不到位，时有错位观念存在。面对这一现状，国内专家学者通过社会分析先验式地提出了建立媒体社会责任报告制度势在必行的观点，[②] 以所发布的报告作为对主流媒体社会责任履行状况进行自查自省形式的反馈，并且开始根据社会责任报告慢慢形成一种压力式调整的制度耦合。

自中华全国新闻工作者协会（简称中国记协）成立以来，要求承担和履行责任的媒体行为规范与政府参与媒体实践两者一直是一致的。我国政府在社会责任制度实行过程中，一直强调要实现媒体单位的道德责任、社会责任和政治责任的相互统一。在这三者中，道德责任是保障新闻媒体基本运营的基础，社会责任是媒体机构赢得公众信任、健康发展的核心因素，而政治责任则发挥关键性作用。实现三种责任的协调统一，是国家对新闻

---

① 《习近平：加快推动媒体融合发展 构建全媒体传播格局》，人民网，http://media.people.com.cn/n1/2019/0316/040606－30979210.html。

② 江作苏：《媒体建立社会责任报告制度势在必行》，《新闻战线》2014 年第 1 期；童兵：《为何报告？怎样报告？——读首部〈媒体社会责任报告（2014 年卷）〉有感》，《新闻与写作》2015 年第 6 期。

业的全面要求。中国记协把实施媒体社会责任报告的要求、分析履责情况当作强化新闻从业者队伍建设和增强责任意识的重要环节。从社会实践角度出发，媒体社会责任报告的实施被看作媒体社会责任意识薄弱和淡漠倒逼出的压力式选择，其具有理念和体制方面的双重意义。

二　研究对象

为加强我国媒体单位履行社会责任及义务的自觉意识，有力地保障党和国家新闻事业健康有序发展，由中宣部、中国记协倡导开展的媒体社会责任报告制度工作是对媒体单位履行社会责任情况实行监督和评议的主要措施与有效方式。自 2013 年以来，中国记协率先创新施行媒体社会责任报告制度，新闻战线逐渐探索实施媒体社会责任报告制度，力求促进主流媒体机构加强自身的责任意识和履责能力，承担应履之责、应尽之务，提高新闻行业的公信力和影响力，保证社会主义新闻事业持续有序发展，以便为该领域的研究、政策、治理和公众参与提供信息。

中国记协确定的首批 11 家中央新闻媒体和全国性行业类媒体的特定类型是在有目的的样本中选取的，这类新闻机构在社会影响力、地理位置、资金来源和传播实践方面涵盖中央和地方媒体以及多种媒介形态且具有代表性和典型性，媒体单位一经加入试点则不允许轻易退出，以保证研究数据的连续性，易于实行历时性、全面性比较分析。首批 11 家试点媒体单位 2014 年正式面向全体社会受众从履行正确引导责任、履行提供服务责任等八个方面进行具体陈述，传播、发布社会责任报告，试点单位所形成的社会责任报告在发布前必须经由中国记协、地方新闻道德委员会、产业报行业报新闻道德委员会等多方组织进行审核、评议，并且要提交至相关行政管理单位对责任报告的具体叙述内容进行详细核实，[①] 11 家主流媒体截至 2018 年共形成媒体社会责任报告 55 份。随后持续扩大新闻媒体机构范围，

---

① 《38 家媒体社会责任报告发布》，中国文明网，http：//www.wenming.cn/xwcb_ pd/yw/ 201605/t20160526_ 3386051. shtml。

进行媒体责任报告的单位数量逐年上升，且大多数媒体均为中央级、省级党报和广播电视台，进行媒体责任报告的网络新媒体仅有人民网、新华网，众多因媒体转型、融合发展迅速的主流新媒体没有纳入进行媒体责任报告的范围。

表1　首批11家试点媒体单位概况

媒体单位*	媒体类别	所属单位	媒体性质	主要资金来源
河北日报	报纸	中共河北省委	省委机关报	财政补贴
湖北广播电视台	电视台	湖北长江广电传媒集团	省直属电视台	财政补贴
湖北日报传媒集团	报纸	湖北省委	省委机关报	财政补贴
解放日报	报纸	上海市委	市委机关报	财政补贴
经济日报	报纸	中央直属	中央直属党报	财政补贴
齐鲁晚报	报纸	大众报业集团	省级晚报	财政补贴
人民网	网站	人民日报社	综合性中文网络媒体	广告收入
新华网	网站	新华社	中央重点新闻网站	广告收入
浙江卫视	电视台	浙江广电集团	省级卫视	财政补贴
中国青年报社	报纸	共青团中央	共青团中央机关报	财政补贴
中央电视台	电视台	国家新闻出版广电总局	国家新闻出版广电总局直属事业单位	财政补贴

　*　媒体单位名称及其他信息根据媒体社会责任报告进行表述。

社会责任理论指出，新闻自由是具有相对的社会责任和义务的，不存在绝对的新闻自由。新闻媒体在拥有言论自由的权利、使用社会稀有资源的同时，也应该对社会大众履行其应尽的义务和职责。媒体的这种责任是在进行新闻报道时，应全面、客观、完整地对事件事实进行呈现；在沟通时，应体现并阐释其蕴含的社会价值和发展目标。更为重要的是，对于急需重构形象和建立公信力、权威性，并获取公众信任的媒体来说，"责任"应该是伴随着时代发展而产生的一个创意主题。"责任"有着丰富的含义和定义，其意义随着谈论其价值和时空以及对谁负责的变化而变化，为新闻界的将来提供了奋斗的目标和前进的方向。媒体责任成为当下新闻传播治理和新闻事业职能要求的重点，新闻业应该认识到要坚守自身的社会主义核心价值观，进行高效传播就必须以责任塑造公信力，并以此统一媒体的追求和发展目标。

三　研究设计

（一）分析策略

从方法论角度，单一个案研究最大的问题是"基于因变量选择案例"存在选择性偏误，而对多案例数据进行比较可以弥补单一案例无法对理论观点进行系统检验的误区。本文采用清晰集定性比较分析（cs - QCA）[1] 作为主要的分析策略，试图较为系统地直接验证媒体社会责任传播实践创新得以实现的影响因子。

当学者对媒体社会责任研究的关注重点从传播实践事件转向传播主体时，研究者所面对的主要是一些小数据样本或中数据样本，然而媒体社会责任传播实践得以创新实现[2]往往同时取决于多个要素因子，样本量的限制，以及影响条件的复杂性说明以线性因果关系为基础的定量分析难以提供媒体社会责任传播创新实践的有效结论。相较之，定性比较分析（Qualitative Comparative Analysis，简称 QCA）可以通过对中小数据样本所选案例生成的比较研究数据进行系统分析和比较，帮助人们实现理论与实践的交流。拉金[3]于 1987 年提出定性比较分析，而清晰集定性比较分析只能研究作两分变量的解释变量和被解释变量[4]。这一方法借助集合论的思想分析复

---

① Ragin Chales C. , *The Comparative Method. Moving beyond Qualitative and Quantitative Strategies*, Berkeley, University of California Press, 1987; Ragin Chales C. , *Fussy—Set Social Science*, Chicago, University of Chicago Press, 2000.

② 传播创新实践是指主流媒体在社会责任传播过程中的实践活动，创新实现是指在社会责任履行过程中传播创新得以实现。

③ 查尔斯·拉金（Charles Ragin），美国加州大学欧文分校校长，社会学教授，社会科学家和创新方法学家。他倡导并发展了定性比较分析和模糊集分析。

④ 黄荣贵、桂勇：《互联网与业主集体抗争：一项基于定性比较分析方法的研究》，《社会学研究》2009 年第 5 期。

杂社会因素的各自优势，系统分析社会现象的条件组合和影响因子。清晰集定性比较分析方法的基础设计在于将研究对象作两分赋值，即每一变量都有两种情况，根据权重赋值 0 或 1。例如 A * B = Y 表示条件变量 A 和变量 B 一起出现将会导致被解释变量 Y 的发生，或者 ~ A * B = Y 表示变量 B 存在并且变量 A 不存在的情况下将会导致事件 Y 的发生。根据拉金提出的定性比较分析方法逻辑，因果关系是多重并发的、非线性的，具有可替代性，这意味着同一结果的产生可能会有多种原因组合。在社会情境 A 下，D 出现与否都会导致事件 Y 的发生（A * D + ~ DA = Y），即如果 A * B + A * b→Y，运用布尔算术推算可得到 A→Y。由此，得出导致被解释变量出现或者不出现的影响因子或组合。[①]

    拉金提到，有限的变异（limited diversity）是众多学者在社会科学研究过程中所普遍遇到的问题，在大样本数据中也时常出现。定性比较分析方法相较于对模型的假设事先做出限制的统计分析，在处理有限变异现象时能够更加透明化。引入这类尚未被发现的个案，可以使分析结果中的理论模式更加简约易懂，同时学者能够借助提供简化假设的样本案例对理论模式进行准确的证实或者证伪，指导更进一步的学术探索对现有理论的验证。而且，此次研究的理论观点有力地显示出，引起媒体社会责任传播实践得以实现创新的影响因子是多重条件并发性的。比如，多元媒体的融合拓展了媒体在社会责任履行过程中所注重的内容，新的媒介生态环境使新闻媒体承担起社会信息沟通、政治引导、社会关怀、繁荣文化等责任，在社会共同体的建设中发挥重要的驱动作用，搭建社会交流平台，进行有效的沟通和解答，整合社会资源，维持社会秩序，促进社会发展。同时，全媒体时代媒体还肩负着促进多元媒体形态在内容、管理、渠道等各个层面进行深度融合的关键职责，因此，在媒体转型时期媒体融合效果应该成为检验媒体社会责任履行情况的重要组成因素。研究者认为，定性比较分析可以较为有效地验证此次研究的理论观点。

---

① Ragin Chales C. , *The Comparative Method. Moving beyond Qualitative and Quantitative Strategies*, Berkeley, University of California Press, 1987.

（二）变量选择

根据媒体社会责任研究现状，研究者首先明确何为媒体社会责任传播实践得以创新的生成因子。所谓生成因子，即"在什么样的条件和情况下，媒介社会责任传播实践得以创新"。本文将媒介社会责任传播实践创新实现的生成因子按照新闻业务角度责任、公益文化角度责任与管理角度责任进行划分。

1. 新闻业务角度责任

（1）正确引导

主要考察媒体机构的传播力、引导力、影响力、公信力，包括能否向国内外积极宣传党中央和地方政府的理念、思想、战略；能否搭建、利用好融媒体矩阵抢占舆论阵地，拓宽传播渠道，创新报道形式；能否做好重大报道、典型报道等，发挥主流媒体主力军作用，做好党的新闻舆论工作。数据显示，在 11 家主流媒体 42 份媒体社会责任报告中，以舆论引导为侧重点的媒体报告共 24 份，占 57.14%，以推进媒体融合、发挥主流媒体主力军作用为侧重点的媒体报告共 16 份，占 38.1%；对创新传播方式进行重点叙述的媒体报告仅 2 份，占 4.76%。（见图 1）

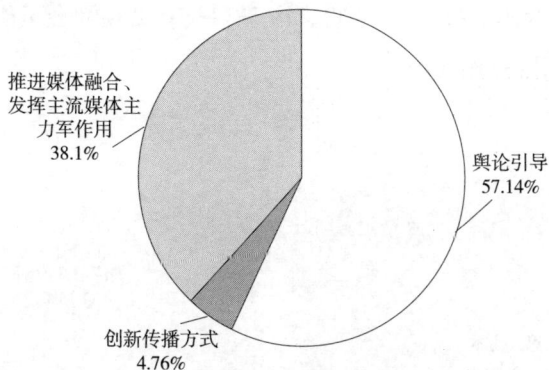

图 1　正确引导责任履行情况

（2）提供服务

主要考察媒体机构的服务性，包括：能否做好信息的上传下达，做好舆论监督；能否做好生活服务，为公众提供有用的信息资讯；能否做好社会活动、公益活动；能否做好科普等公民教育工作等。提供服务包括舆论监督和信息资讯服务，其中40份重点叙述信息资讯服务，在提供的服务类型中占95.24%；以舆论监督为重点的报告2份，占4.76%。（见图2）

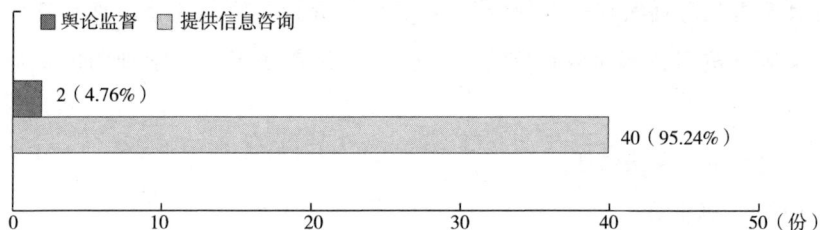

图2　提供服务责任履行情况

2. 公益文化角度责任

（1）人文关怀

主要考察媒体机构是否以人为本，包括：能否顾及当事人、用户的各项权利及主观感受；能否做好正面引导，弘扬社会正能量；能否关注群众生活等。通过对所选报告进行分析，把人文关怀责任分为弘扬社会正能量、关注群众生活及以人为本三方面。关注群众生活的报告共23份，占54.76%；以人为本的报告共16份，占38.1%；弘扬社会正能量的报告共3份，占7.14%。（见图3）

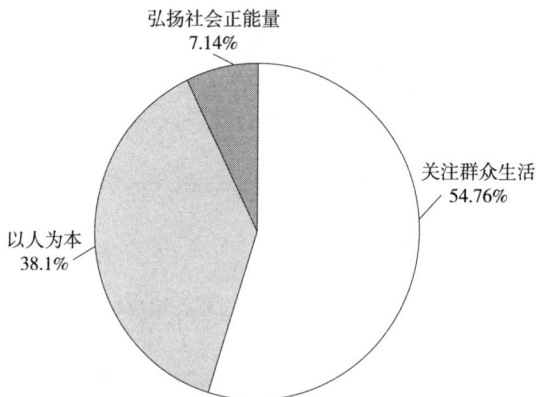

图3　人文关怀责任履行情况

（2）繁荣发展文化

主要考察媒体机构对文化发展的贡献，主要包括开展文化活动、弘扬优秀文化、推动中外文化交流，文化产业项目建设及搭建文化交流平台，其中开展文化活动、弘扬优秀文化、推动中外文化交流的报告共21份，占50%；搭建文化交流平台的报告共20份，占47.62%；文化产业项目的报告仅1份，占2.38%。（见图4）

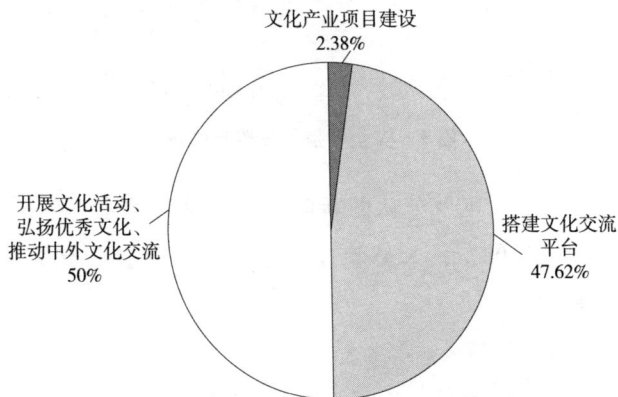

文化产业项目建设
2.38%

开展文化活动、
弘扬优秀文化、
推动中外文化交流
50%

搭建文化交流
平台
47.62%

图4　繁荣发展文化责任履行情况

3. 管理角度责任

（1）安全刊播

主要考察媒体机构的业务把关流程及能力，包括：能否建立并贯彻执行各类刊播制度；能否确保足够的把关能力；能否查疏堵漏，并做好应急措施等。据此把安全刊播责任履行报告分为严格把关、完善安全刊播制度、接受监督三部分。其中完善安全刊播制度的报告共18份，占42.86%；接受监督的报告有9份，占21.43%；严格把关的报告有15份，占35.71%。（见图5）

（2）遵守职业规范

主要考察媒体机构能否坚守职业道德、发扬职业精神，包括：能否规范管理员工；能否严防新闻界"有偿新闻、虚假报道、低俗之风、不良广告"；能否及时接受社会监督；能否遵守市场经济竞争法则等。数据显示，

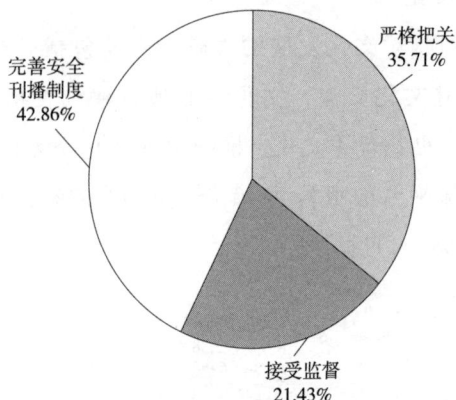

完善安全
刊播制度
42.86%

严格把关
35.71%

接受监督
21.43%

图5　安全刊播责任履行情况

以遵守市场经济竞争法则及公认的新闻职业道德为侧重点的媒体社会责任报告共 34 份，占 80.95%；人员管理规范和接受社会监督的报告仅 8 份，占 19.05%。（见图6）

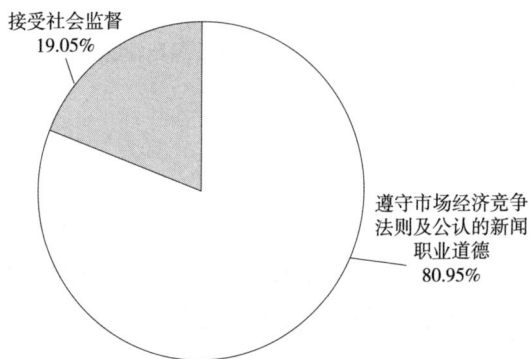

接受社会监督
19.05%

遵守市场经济竞争
法则及公认的新闻
职业道德
80.95%

图6　遵守职业规范责任履行情况

（3）合法经营

主要考察媒体遵守各类经营方面的法律法规、规章制度情况，包括：是否严格遵守税收、印刷业务、广告业务等方面的法律法规；是否建立了经营方面的管理规章制度并严格贯彻执行等。具体划分为严格遵守税收、印刷业务、广告业务等方面的法律法规和严格规章制度。严格

规章制度的报告 27 份，占 64.29%；严格遵守法律法规的报告 15 份，占 35.71%。（见图 7）

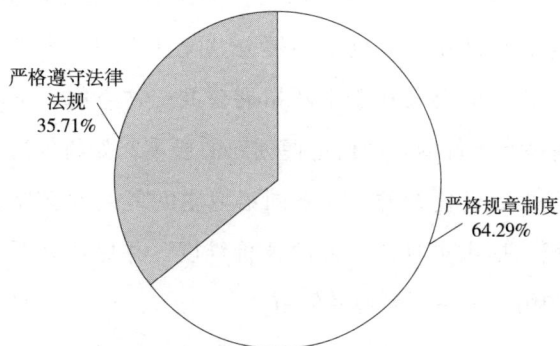

图 7　合法经营责任履行情况

（4）保障新闻从业人员权益

主要考察媒体机构能否落实对所属员工的义务及责任，包括：能否保障员工的职业发展；能否落实各项薪酬福利制度；能否为员工的工作环境、身心健康及其他各类权益提供保障等。据此，保障新闻从业人员权益可分为员工关怀和员工保障。员工保障包括权利保障、薪酬福利保障及职业发展保障，有报告 34 份，占 80.95%；员工关怀的报告有 8 份，占比 19.05%。（见图 8）

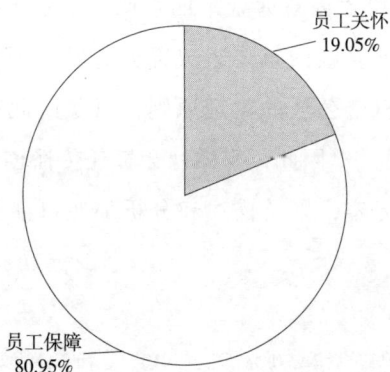

图 8　保障新闻从业人员权益责任履行情况

（三）被解释变量确定

创新是一种创造性和突破性的活动，本身需要接受评估向度的评价。在传播的本义上，创新是否有助于拓展公共交往空间？是否有助于推动沟通交流与理解？创新的要义在于不断拓展公共交往空间，不断趋近于沟通与理解。[①] 创新是有条件的。如何把握创新的语境？如何创造传播创新的条件？传播创新是多元而复杂的，在不同语境中的复杂性会反过来促使人们考察创新的语境，提供更具操作性的评价维度，并保持其开放性，进而基于特定的条件和组合关系开启传播创新。

媒体社会责任报告为涉及社会责任研究和传播实践建立了一个伦理框架，并呼吁将媒体社会责任传播创新作为实施伦理框架的一种工作方式。媒体社会责任传播创新为经验伦理开辟了空间，可以为全行业媒体提供一个重要的目标。媒体社会责任传播创新意味着，在整个创新实践过程中，参与者共同努力，以便更好地将过程及结果与社会主义核心价值观、受众需求和期望结合起来。因此，媒体社会责任报告制度的实施旨在弥合媒体和公民之间的鸿沟，使媒体更加合乎道德公约，预示着"公众参与"、"盘点"和"融合"。实施媒体社会责任传播创新需要对具体创新维度进行评估和指标量化，并预见其可能产生的影响——它将如何影响消费者和社区。这种对"社会影响"和"创新远见"的强调，是基于社会实践经验和对伦理道德的研究，是创新实践的重要组成部分。冯·朔姆伯格指出，经验知识对于确保技术发展符合公认的伦理原则，以及由此产生的技术不会与价值观冲突来说是必要的。[②] 因此，媒体社会责任传播创新需要描述创新过程的文化和制度方面的内容，以及描述和分析那些可能受到创新影响的人的道德观点。

---

① 单波、吴世文：《中国传播创新研究报告（2018）》，社会科学文献出版社，2018。

② Von Schomberg R. ,"A Vision of Responsible Research and Innovation. " In: Owen R. , Bessant J. and Heintz M. （eds）, *Responsible Innovation*: *Managing the Emergence of Science and Innovation in Society*, Chichester, Wiley, 2013, pp. 51－57.

创新扩散理论指出，一项创新的新颖度可分解为三个层面：本身的说服力、所包含的知识，以及人们是否采用它。本身的说服力代表着媒体效能，媒体所提供的优质内容和信息载体的优良设计，是其重要的创新表征。所包含的知识与创新所蕴含的科技属性相关，本身的说服力与创新自身的特质相关，人们是否采用它则与创新的采纳与使用者相关。[①] 媒体丰富度的概念首次由达夫特（R. L. Daft）和伦格尔（R. H. Lengel）提出，其内涵经过了不断发展。丰富度代表了媒体的信息承载量和承载能力。丰富的媒体能够减少信息的模糊性和不确定性，将信息更明确、清晰地传达给接收者，增进理解、便于沟通；而贫乏的媒体不利于信息分享，需要接收者耗费更长的时间去理解。[②] 以互动、沟通见长的新媒体，不断创造新颖的信息交互模式，提升信息品质和媒体丰富度，展示其创新价值。因而，信息表达更丰富、沟通更便捷的媒体呈现方式，更能体现互动时代媒体的创新特征，以媒体丰富度来衡量媒体在建设层面的创新程度，有助于全面反映其"媒体品质"创新的综合表现。坚持内容为王，使用丰富性内容呈现方式，才能逐步提高媒体品质，实现传播创新。通过对所选事例进行资料分析，综合考虑各方影响因素，选取丰富性媒体呈现作为解释变量，即媒体在社会责任履行过程中通过多样化形式呈现报道内容取值为 1，非丰富性媒体呈现取值为 0。经过一些不确定信息的案例删除，55 个案例最终剩下 42 个，对这 42 份媒体社会责任报告的相关属性进行编码，整理出变量取值和分类，进行赋值。

综上所述，从目前研究现状和已有经验出发，确定正确引导、提供服务、人文关怀、繁荣发展文化、安全刊播、遵守职业规范、合法经营、保障新闻从业人员权益共 8 个影响媒介社会责任传播创新的关键因子，下一步，将基于这 8 个因子对媒体社会责任创新的多面向进行分析。（见表 2）

---

① 〔美〕E. M. 罗杰斯：《创新的扩散》，唐兴通、郑常青、张延臣译，电子工业出版社，2016。
② 钟瑛、李秋华：《新媒体创新指数构建与案例考察》，《现代传播（中国传媒大学学报）》2018 年第 4 期。

表 2 变量选择与说明

责任板块	一级指标	二级指标	说明	权重	赋值	变量
新闻业务角度责任	正确引导	推进媒体融合、发挥主流媒体主力军作用	融媒体矩阵建设、报道力度及中心建设力度	16	0	解释变量
			宣传党中央和总书记思想精神、宣传社会主义核心价值体系			
			新闻舆论阵地的建设和管理、党建工作宣传、社会发展形势报道			
		创新传播方式	理念创新、内容创新、体裁创新、业态创新、体制机制创新、创新成效	2	0	
			版面或节目改革、供给侧结构性改革			
		舆论引导	对外传播、典型报道、重大主题报道引导	24	1	
	提供服务	舆论监督	对不良现象的曝光和揭露、抨击时弊、抑恶扬善	2	0	
		信息资讯服务	社会服务活动、公民教育	40	1	
公益文化角度责任	人文关怀	弘扬社会正能量	惠民政策宣传、弘扬和振奋民族精神	3	0	解释变量
		关注群众生活	民生报道、贯彻落实"三贴近"精神	23	1	
		以人为本	案件报道、灾难报道、尊重特殊人群人身权利	16	0	
	繁荣发展文化	文化产业项目	文化产业投资、制作文化衍生产品	1	0	
		开展文化活动、弘扬优秀文化、推动中外文化交流	文化类活动和旅游	21	1	
			弘扬中华优秀传统文化、弘扬红色文化和革命精神			
			加强开放合作、促进文化交流			
		搭建文化交流平台	文化栏目建设、打造文化品牌	20	0	

责任板块	一级指标	二级指标	说明	权重	赋值	变量
管理角度责任	安全刊播	严格把关	树立安全刊播理念、确保把关能力	15	1	解释变量
		完善安全刊播制度	建立防范体系、规范设备使用和设备维护流程	18	0	
		接受监督	接受相关部门和群众的监督	9	1	
	遵守职业规范	遵守市场经济竞争法则及公认的新闻职业道德	尊重原创、保护版权、坚持新闻真实性	8	0	
			杜绝有偿新闻行为、抵制低俗新闻、规范管理员工、作风建设			
		人员管理规范和接受社会监督	合理使用证件、接受用户投诉	34	1	
	合法经营	严格遵守法律法规	严格遵守税收、印刷业务、广告业务等方面的法律法规	15	0	
		严格规章制度	严控广告经营风险、严格规范经营行为	27	1	
	保障新闻从业人员权益	员工关怀	工作安全与保障、员工健康关怀、员工保护与救助	8	0	
			员工尊严、生活设施、工作与生活的平衡			
		员工保障	员工权利保障、职业发展保障、薪酬福利保障	34	1	
	媒体社会责任创新	丰富性媒体呈现	信息表达更丰富、沟通更便捷的媒体呈现形式	28	1	被解释变量
		非丰富性媒体呈现	单一的呈现形式和模糊的信息内容	14	0	

四　研究结果

定性比较分析方法的理论观点指出，多种条件并发原因的数量即可能性条件组合会伴随着所确定解释变量的添加而发生对数级增长，即（2n），这表明本研究所选取的媒体社会责任传播创新的 8 个解释变量将存在 256 种条件组合。拉金提出的定性比较分析方法原理表明，在 36～45 个及以上样本数量研究范围内选取 8 个因子可行可控。根据确定的这 8 个解释变量，解

释"媒体社会责任创新"这一结果变量，建立以下事实表。（见表3）

表3　事实表

v1	v2	v3	v4	v5	v6	v7	v8	number	v9
1	1	1	1	0	1	0	1	1	1
1	1	1	1	0	0	1	1	1	1
1	1	1	0	1	1	0	0	1	1
1	1	1	0	1	0	1	1	1	1
1	1	1	0	0	1	0	1	1	1
1	1	0	1	1	0	1	1	1	1
1	1	0	1	0	0	0	1	1	1
1	1	0	0	1	1	1	0	1	1
1	1	0	0	1	1	0	1	1	1
1	1	0	0	1	1	0	0	1	1
1	1	0	0	0	1	1	0	1	1
0	1	1	1	1	1	0	0	1	1
0	1	1	1	0	0	0	1	1	1
0	1	1	0	1	1	1	1	1	1
0	1	0	0	1	1	1	1	1	1
0	1	0	0	0	1	0	1	1	1
0	1	0	0	0	0	1	1	1	1
0	0	1	0	1	1	1	1	1	1
1	1	1	0	1	1	1	1	2	1
0	1	1	1	0	1	1	1	2	1
1	1	1	0	1	1	0	1	3	1
1	1	0	1	1	1	1	1	2	0
1	1	0	0	0	1	1	1	2	0
0	1	0	1	0	1	0	0	2	0
1	1	1	0	0	1	1	1	1	0
1	0	1	0	0	1	0	1	1	0
0	1	1	1	1	1	1	0	1	0
0	1	1	1	1	0	1	1	1	0
0	1	1	1	0	0	1	1	1	0
0	1	0	1	1	1	1	1	1	0
0	1	0	1	1	1	1	0	1	0

v1	v2	v3	v4	v5	v6	v7	v8	number	v9
0	1	0	1	1	1	0	0	1	0
0	1	0	1	0	1	0	1	1	0
1	1	1	1	1	1	1	1	2	0

依据所生成的事实表，使用 fsQCA 软件进行 QCA 数据分析，得出以下结果，如表 4 所示。

表 4　使用 fsQCA 软件进行 QCA 数据分析结果

```
************************
*TRUTH TABLE ANALYSIS*
************************

File:  C:/Users/CXY/Desktop/事实表.csv
Model: v9 = f(v1, v2, v3, v4, v5, v6, v7, v8)

 Rows:      34
    ⊐ Rows:     13    38.2%
    ⊐ Rows:     21    61.8%
    ⊐ Rows:      0     0.0%

Algorithm: Quine-McCluskey
      True: 1-L

--- PARSIMONIOUS SOLUTION ---
frequency cutoff: 1.000000
consistency cutoff: 1.000000

                   raw          unique
                   coverage     coverage     consistency
                   ----------   ----------   ----------
~v1*~v4            0.178571     0.071429     1.000000
v1*~v6             0.142857     0.107143     1.000000
~v4*v5             0.464286     0.107143     1.000000
v2*v3*~v7          0.285714     0.107143     1.000000
v3*v4*~v5*v6       0.107143     0.071429     1.000000
~v5*~v8            0.035714    -0.000000     1.000000
~v4*~v8            0.142857    -0.000000     1.000000
v1*~v8             0.142857    -0.000000     1.000000
solution coverage: 0.892857
solution consistency: 1.000000
```

V9 = ~ v1 * ~ v4 + v1 * ~ v6 + ~ v4 * v5 + v2 * v3 * ~ v7 + v3 * v4 * ~ v5 * v6 + ~ v5 * ~ v8 + ~ v4 * ~ v8 + v1 * ~ v8

V9 = 弘扬社会正能量和以人为本 * 文化产业项目和搭建文化交流平台 + 舆论引导 * 接受监督 + 文化产业项目和搭建文化交流平台 * 接受监督和严格把关 + 信息资讯服务 * 关注群众生活 * 严格遵守法律法规 + 完善安全刊播制

度＊员工关怀＊开展文化活动、弘扬优秀文化、推动中外文化交流＊员工关
怀＋舆论引导＊员工关怀＋关注群众生活＊开展文化活动、弘扬优秀文化、
推动中外文化交流＋接受监督和严格把关＊遵守市场经济竞争法则及公认的
新闻职业道德。

数据分析 Solution Coverage 为 0.892857，这意味着所选解释变量能够比
较有效地说明媒体社会责任传播创新的原因。参考基于事实表生成的三组
数据，该表达式显示出以下结果。（见图 9、图 10）

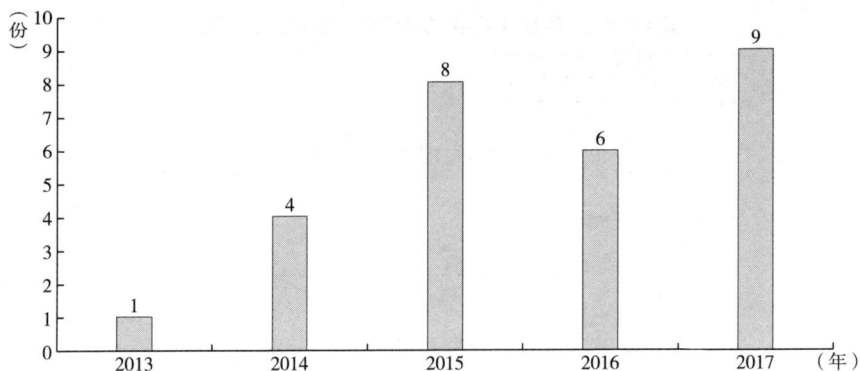

图 9　2013～2017 年媒体社会责任传播创新报告数量及创新年份分布

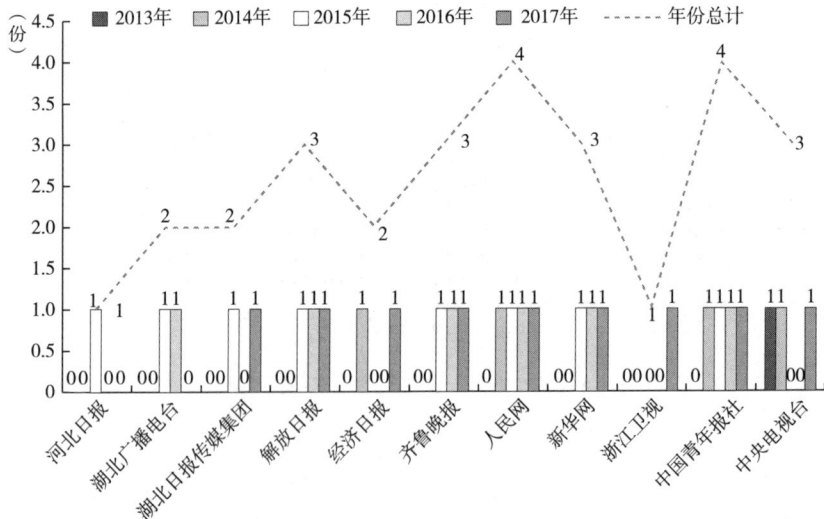

注：柱形图上的数字 1 代表 2013～2017 年每年创新报告的数量，数字 0 代表没有创新报告。

图 10　2013～2017 年履行社会责任传播创新的媒体、创新报告数量及年份分布

（一）文化产业项目和搭建文化交流平台促进媒体丰富性呈现

繁荣与发展责任是媒体社会责任传播创新的核心影响因素，数据分析事件覆盖率最高的一组条件组合为 ~v4 * v5，即文化产业项目和搭建文化交流平台以及接受监督和严格把关相结合促进媒体丰富性呈现，raw coverage = 0.481481。完善媒体社会责任传播创新评价及制度，需要将焦点转移到主体间互动上，需要将媒体社会责任概念化为媒体和受众之间驱动力的一部分。这使得受众与媒体共同积极构建知识，颠覆了媒体履行社会责任的方式，媒体不再作为意识形态载体参与去合法化和再合法化领域层面的行为。（见图11、表5）

在数据分析结果模型中，提供信息资讯的信息流连接媒体和受众的社会责任，然而信息流是间接地从媒体品牌和受众数据的角度来处理的，而不是以对话的形式来处理的。当信息流关注传播创新实践是主体与主体之间的互动——包括解决问题、参与式对话、圈层化传播、媒体履行社会责任的效度——就会成为焦点。

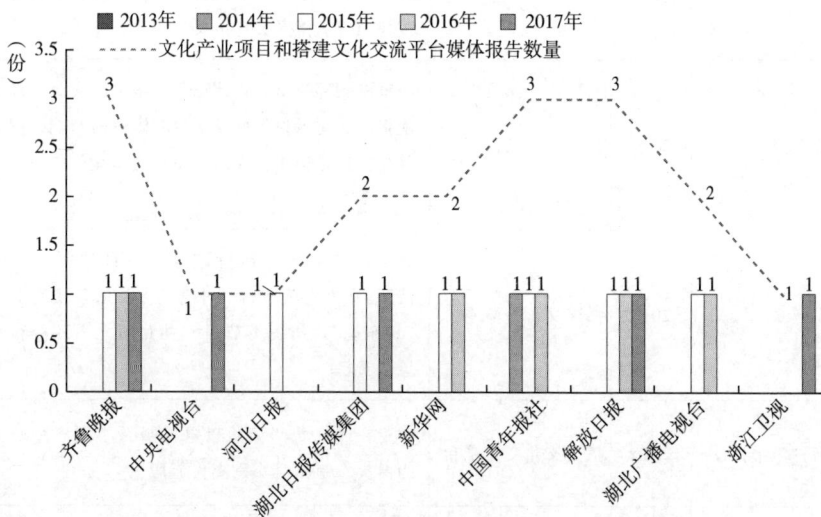

注：柱形图上的数字 1 代表 2013 ~ 2017 年每年创新报告的数量。

图 11 2013 ~ 2017 年履行文化产业项目和搭建文化交流平台责任的媒体、创新报告数量及年份分布

表5 2014～2017年履行文化产业项目和搭建文化交流平台责任的媒体及事例

媒体单位	年份	繁荣与发展责任	具体措施
齐鲁晚报	2015	文化产业项目	纪录片《孔子》是迄今中外合作拍摄的首部以孔子为题材的纪录片，客观呈现了孔子的生命历程、思想体系及其对后世的深远影响
中国青年报社	2014	搭建文化交流平台	设有文化阅读周刊，关注青年文化生活；设有《冰点探索》版面，专注普及科学文化知识
河北日报	2015	搭建文化交流平台	启动全媒体大型纪行报道《记住乡愁——寻访河北传统村落》，推出大型文化系列报道《让历史照亮未来——守望燕赵》
湖北广播电视台	2015	搭建文化交流平台	"非正式会谈"打开"国际文化交流"类节目的新局面；综艺真人秀节目"一起出发"，首创"综艺周播剧"模式
解放日报	2015	搭建文化交流平台	上海观察紧紧围绕事关上海发展的重大问题、焦点话题提供有价值的分析、评述、观点和讨论，讲好上海故事，传递市委声音，通过议题设置和深挖内容赢得网民肯定
齐鲁晚报	2016	搭建文化交流平台	晚报副刊部推出文化评论版、学生征文版，扩大晚报在文化评论领域及学生群体中的影响；同时强化栏目化操作，推出"图说老济南""齐鲁古国"等栏目
新华网	2016	搭建文化交流平台	新华广播着力打造诗歌荐读节目"听来总是诗"、图书荐读节目"书鉴"、文化杂谈类节目"瑞东说"、历史类节目"共和国之声"等精品原创节目
中国青年报社	2016	搭建文化交流平台	中青在线文化阅读版以电视剧《小别离》热播为由头，制作《小别离》专版
湖北日报传媒集团	2017	搭建文化交流平台	围绕纪念建军90周年，策划推出"军魂闪耀90年"系列报道；报、端、网、微联合开设"老物件的诉说"专栏，征集军史老物件

媒体单位	年份	繁荣与发展责任	具体措施
解放日报	2017	搭建文化交流平台	报社与上海文创企业品牌建设服务平台、上海企业文化与品牌研究所共同主办"共享经济与品牌创新"品牌沙龙，全力打响"上海文化"品牌
齐鲁晚报	2017	搭建文化交流平台	副刊部推出文化评论版、征文版，扩大晚报在文化评论领域及学生群体中的影响；同时，还推出"沂蒙精神"专栏，对外宣传革命老区红色文化
中央电视台	2017	搭建文化交流平台	推出"中国诗词大会""中国戏曲大会""中国民歌大会""记住乡愁"等节目，润物无声地传播中华优秀传统文化之美

（二）提供信息资讯服务，密切关注群众生活

信息资讯服务是媒体在履行社会责任过程中重点进行的活动，开展社会服务活动、进行公民教育，在群众生活中去发现、挖掘选题，2＊v3＊~v7 即信息资讯服务和关注群众生活与严格遵守法律法规相结合是媒体呈现丰富性的关键组合。这一结论使我们能够理解关注受众日常生活的传播实践和搭建文化交流平台的产业行为都被赋予了与社会责任相关的性质。因此，关注群众生活、提供信息资讯服务、搭建文化交流平台是媒体社会责任传播创新的重要因素，可以增强受众的媒介意识，从而实现互动传播。在媒体社会责任报告的案例中，解放日报注重服务地方的区域性数字传播实践，肩负起凝聚共识的责任；中国青年报社关注青少年读者需求的受众本位思想，精准服务各类青年；新华网以丰富的内容满足用户需求，以技术拉动用户体验优化；经济日报依托智库平台深化经济报道，突出为百姓理财服务的理念；中央电视台努力满足广大人民群众的精神文化生活需求。媒体的这些举措是建立在共同构建知识的相互行动基础上的媒体社会责任传播创新，有助于倡导共享和共识。（见图12、图13、表6）

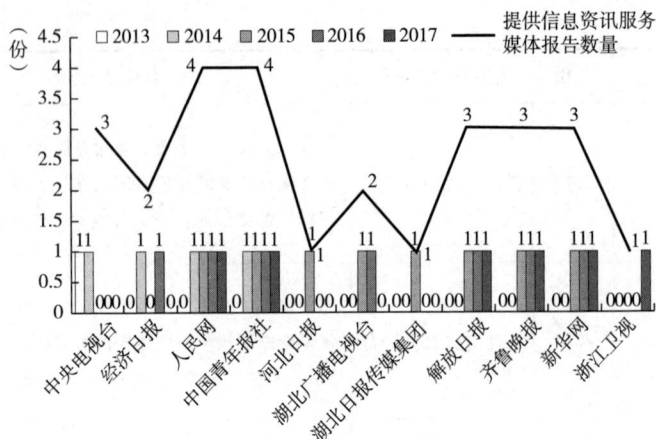

注：柱形图上的数字 1 代表 2013～2017 年每年创新报告的数量，数字 0 代表没有创新报告。

图12　2013～2017 年履行信息资讯服务责任的媒体、创新报告数量及年份分布

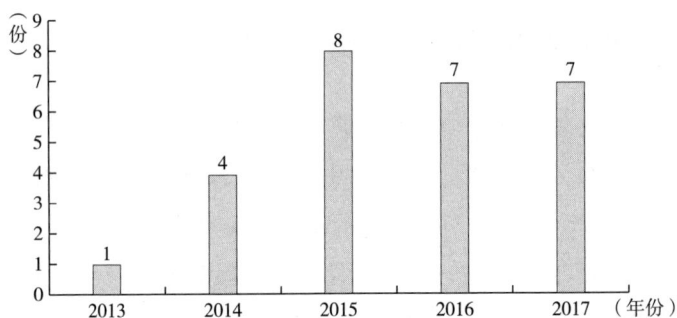

图13　2013～2017 年媒体信息资讯服务责任传播创新报告数量及年份分布数量

表6　2013～2017 年履行信息资讯服务责任的媒体及事例

媒体单位	年份	提供信息资讯	丰富性内容呈现
中央电视台	2013	春运期间，《新闻联播》推出"春运服务台"专栏，及时权威发布春运热门线路火车票余票信息	做好权威政策信息发布，充分运用"一图解读""新闻动画"等资讯可视化手段创新电视呈现，加强信息解读
经济日报	2014	在"财富"版开设"封面""行""智"三个不同主题版块，分别从热点、行业方向、投资策略等方面进行有针对性的报道	《黄金节点产业兴》等文章，用报、网、博互动的形式，以文字、图片、视频立体呈现古丝绸之路上的陕西

媒体单位	年份	提供信息资讯	丰富性内容呈现
人民网	2014	人民微博推出"对话官微"平台，目前已有上万名网友通过"对话官微"反映实际问题，其中1000多个问题得到了相关机构回复	除中文版本外，还开设了7种少数民族语言及9种外文版本，运用文字、图片、视频、微博、微信、社区、手机网等多种手段发布
河北日报	2015	策划推出"关注丹江口水库卖鱼难"专题，连续刊发7篇报道，介绍买鱼方式，呼吁人们帮助库区渔民	读者不仅能在《河北日报》上看到文字和图片报道，还能在河北新闻网、"在河北"客户端和河北日报微信、微博平台上看到相关视频和文字报道
湖北广播电视台	2015	精心打造"法眼看天下""调解面对面""拍案惊奇"等一系列日常专题法治节目	发布原创新闻文章9000多篇、视频新闻资讯15000余条、新闻动漫近3500幅
经济日报	2016	立足百姓视角，注重抓读者关心的新闻选题，如《保险产品回归保障本质》《P2P资金存管模式逐渐清晰》等系列报道	两微一端陆续推出"长征日记""重走长征路"等特色专栏、专题，报道以图文、视频等多种形式呈现，形成全方位、多层次、多声部的传播态势
新华网	2016	思客"媒体+智库"布局成效呈现，聚集战略决策与公共政策，共同生产和传播有深度的原创内容和智库报告	做大做强品牌栏目"学习进行时"，融合文字、图片、视频、数据图、可视化交互产品等多种形式
人民网	2017	向社会大众积极倡导健康的生活理念、生活方式，共同发出"全民健康、健康中国"最强音，为"健康中国"献计献策	党的十九大开幕会结束后，推出访谈、图解、音频、H5等全媒体产品，深入解读党的十九大报告，使习近平新时代中国特色社会主义思想深入人心

凡涉及人文关怀责任的条件组合大多取值为正，关注群众生活的事件覆盖率为 0.629629（raw coverage = 0.296296 + 0.074074 + 0.111111 + 0.148148），在媒体社会责任履行过程中关注基层群众生活、帮助他们解决生活中遇到的实际困难以及提高人民生活水平，媒体实现了多样化报道，增强了其公信力和用户黏性。（见图14、图15、表7）

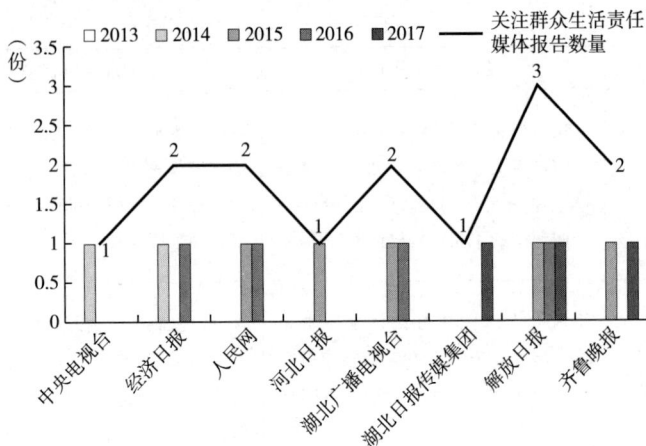

图 14　2013～2017 年履行关注群众生活责任传播创新的媒体、
创新报告数量及年份分布

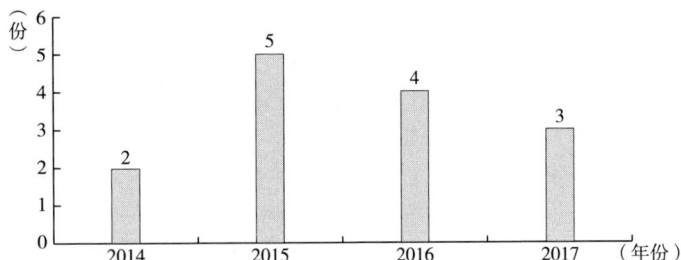

图 15　2014～2017 年媒体履行关注群众生活责任传播创新报告数量及年份分布

表 7　履行关注群众生活责任的媒体及事例

媒体单位	年份	关注群众生活	丰富性内容呈现
河北日报	2015	仅"阳光帮办"栏目就刊发《磁县两窑头村小学生乘校车不便》等 79 篇报道，帮助群众解决了许多问题	适应新媒体传播规律，运用 H5 等技术手段对重要文章进行可视化加工，并通过添加二维码方式，在全国省级党报中率先实现了用手机扫报纸看视频
经济日报	2016	在就业和劳动关系方面，重点关注大学生就业面临的新形势和新机遇，就工资指导线下调、农民工就业等问题积极发声	两微一端陆续推出"长征日记""重走长征路"等特色专栏、专题，报道以图文、视频等多种形式呈现，形成全方位、多层次、多声部的传播态势

媒体单位	年份	关注群众生活	丰富性内容呈现
人民网	2016	通过纪录片、视频评论、微视频征集、微信、H5 等各种报道手段，以"致敬匠心"为宗旨，聚集一线劳动者的感人故事	积极运用新媒体形式创新解读方式，推出动漫《"不忘初心"成热词为啥这么火?》、H5《跟习近平学党史国史》、图解《习近平提过的三个"陷阱定律"都是啥》等作品
解放日报	2017	《团团圆圆照相馆：让我为你拍张全家福》，捕捉摄影爱好者老张为市民拍摄全家福的画面，温馨、温暖扑面而来	综合运用数据、图表、漫画、动画、H5 等可视化元素，增强主题宣传报道的可读性，扩大了传播效果
齐鲁晚报	2017	评选活动场外组织的"当你老了"重阳节影展，展示了近百幅百岁老人的照片，引发现场观众的广泛关注	选取了 7 个特殊的地点及部分特殊人物，采取视频 + 文字等方式记录老百姓爱党跟党走的坚定决心
中央电视台	2017	用心灵倾听百姓心声、用双脚展开田野调查、用镜头捕捉时代变迁，推出《一路回家》《家是什么》《过年不回家的人》《油溪桥村脱贫纪事》等精品力作	央视新闻新媒体以直播、图文形式及时报道"好人好事"；推出公益项目"黄手环行动"，关注阿尔茨海默病人，微博话题"关注阿尔茨海默病"阅读量超过 1 亿次

由于缺乏社交媒体理论文献，理解和预测媒体社会责任履责情况则需要建立一个有助于指导传统媒体责任权利研究的框架。例如角色理论假设，处于角色中的个体遵循某些模式行为，这些行为通常是由组织互动和个人动机引起的。[1] 研究阐明了媒体社会责任履职的行为模式，以确保构建媒体角色，例如人民网运行"中央厨房"式媒介融合创新实践，通过强化技术平台建设，以移动端为重点通过人民日报全媒体中心平台，建设报、网、微三位一体化发展的传播矩阵，突出不同角色度量的多元化解释。

（三）自觉接受社会监督，严格遵守法律法规

严格把关、接受监督和文化产业项目、搭建文化交流平台相结合是结果变量实现的重要组合。树立安全刊播理念，确保把关能力，接受相关部

---

[1] B. J. Biddle, *Role Theory: Expectations, Identities and Behaviors*, New York, NY: Academic Press, 1997.

门和群众的监督，推进媒体在信息传播工作中的规范化、制度化、科学化和严谨化。（见图16、表8）

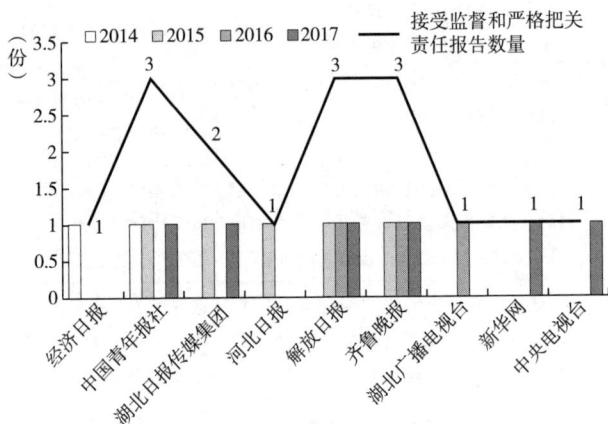

图16　2014～2017年履行接受监督和严格把关责任传播
创新的媒体、创新报告数量及年份分布

表8　履行安全刊播责任的媒体及事例

媒体单位	年份	安全刊播责任	具体措施	丰富性内容呈现
经济日报	2014	严格把关	编委会成员实行白、中、夜班值班制，各采编部门实行白、中班值班制，形成了更加科学高效的"三班制"工作体系	用报、网、博互动的形式，以文字、图片、视频立体呈现古丝绸之路上的陕西、宁夏、甘肃、青海、新疆涌动着的新变化、新举措、新成就
湖北日报传媒集团	2015	接受监督	不断完善体制机制，规范出版流程，修订、出台了《湖北日报传媒集团媒体舆论导向管理暂行办法》《湖北日报传媒集团应急报道实施细则》《湖北日报通讯员来稿选编流程规定》等数十个规章制度，确保了全年安全刊播"零事故"	发布原创新闻文章9000多篇、视频新闻资讯15000余条、新闻动漫近3500幅
解放日报	2016	严格把关	深度融合、整体转型之后，设立频道总监，重点负责文章审核把关，报纸和新媒体都严格执行新闻出版"三审制"	两分半钟的手绘动画视频《漫漫长征路，我们一起走》，用动画的方式呈现长征从开始到结束的历程，制作精良，传播效果好

媒体单位	年份	安全刊播责任	具体措施	丰富性内容呈现
湖北日报传媒集团	2017	严格把关	坚持把意识形态工作纳入各媒体党建工作目标责任制考核管理范围，纳入集团党委及班子成员年度述职述廉内容	通过评论、综述、消息、通讯、视频、动漫、图解、网页专题等形式，浓墨重彩地全媒体报道习近平新时代中国特色社会主义思想
齐鲁晚报	2017	严格把关	各融媒体平台文章导向把关坚持同一个标准、同一把尺子，采编发每个环节设置相应的把关环节，并明确相关责任人	推出"十九大时光"栏目，选取了7个特殊的地点及部分特殊人物，采取视频＋文字的方式记录老百姓爱党、跟党走的坚定决心
新华网	2017	严格把关	提高采编人员报道安全意识。采取电话抽查飞行检查等有力措施，真正做到报道安全人人有责、人人担责、人人负责	全新改版升级品牌栏目"学习进行时"，全年共推出文字、图解、视频等原创报道191篇，推出相关文章近万篇

　　自觉履行合法经营责任，严格遵守税收、印刷业务、广告法等行业法律法规，促进规章制度和管理规范的不断修正和完善，努力做到提供信息资讯服务、关注群众生活相结合，实现丰富性内容呈现。（见图17、表9）

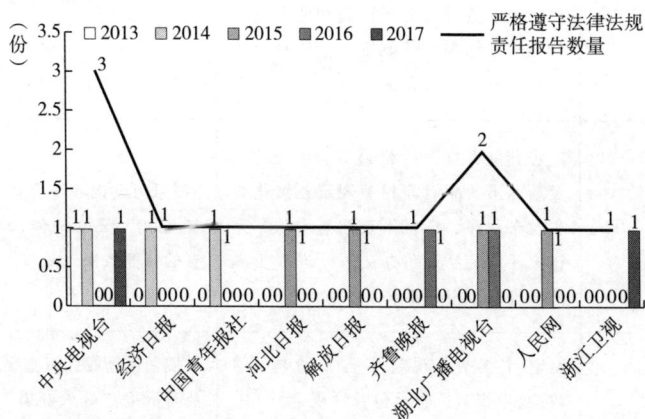

注：柱形图上的数字1代表2013～2017年每年创新报告的数量，数字0代表没有创新报告。

图17　2013～2017年履行严格遵守法律法规责任的媒体、创新报告数量及年份分布

表9 履行严格遵守法律法规责任的媒体及事例

媒体单位	年份	严格遵守法律法规	丰富性内容呈现
中央电视台	2013	执行广告三级审查制度，根据相关法律法规及客观环境的变化，进一步细化修订《中央电视台广告审查（暂行）标准》	做好权威政策信息发布，充分运用"一图解读""新闻动画"等资讯可视化手段创新电视呈现方式
中国青年报社	2014	先后制定《关于进一步加强中青在线网站（含移动产品集群）品牌建设的指导意见》《微信公号及法人微博广告管理办法（试行）》《二级微信公号管理办法（试行）》	进一步探索图文、音频、视频、网游、微博微信、融媒专题等全媒体、立体呈现的两会传播样态
河北日报	2015	保障依法经营，每年对广告从业人员培训三次以上，学习相关政策和法律法规，严格查验审查批准文件等	能在《河北日报》上看到文字和图片报道，还能在河北新闻网、微博平台上看到相关视频、文字和报道
人民网	2015	进一步完善财务管理制度，修订差旅费、会议费等10个具体规章制度并严格执行，定期推出法律系列内部培训，确保经营的规范性	充分运用网言网语、微视频、图表等手段，使报道更接地气，更适合网络和移动新媒体传播
湖北广播电视台	2016	制定实施《湖北广电视台（集团）中介机构选聘管理办法》《台（集团）出资企业负责人履职待遇和业务支出管理实施细则》等制度，依法规范所属企业各类经营活动	全国网络安全知识有奖竞答活动原创H5
齐鲁晚报	2016	广告刊登方面，严格遵守《广告法》及新闻出版部门等相关规定，细化广告发布程序、广告审查注意事项、差错责任认定及处罚办法等，进一步规范广告发布相关要求	"报纸可读内容＋新媒体视频＋网友互动"三位一体，实现多频共振的传播效果
中央电视台	2017	制定《中央电视台广告核价体系》《中央电视台广告承包管理规定》《中央电视台广告代理公司管理规定》等一系列经营管理制度	央视新闻新媒体以直播、图文形式及时报道"好人好事"，微博话题"关注阿尔茨海默病"阅读量超过1亿次

五　结论和讨论

此次研究的结论模型支持六个方面内容的媒体社会责任传播创新实践：支持业务增长、批判性社会监督、文化产业、信息流、环境影响和法律法规可靠性。从管理的角度来看，表明媒体意识到了自身的角色并"做好自己的事"，关注媒体社会责任和中国社会责任之间的协调。然而在实现以上内容的协调一致方面，仍然存在媒体履行社会责任不足的情况，这给通过信息流加大公信力从而影响社会责任的动态演进留下了空间。

习近平总书记在第十九届中共中央政治局第十二次集体学习时发表重要讲话，指出："党报、党刊、党台、党网等主流媒体必须紧跟时代，大胆运用新技术、新机制、新模式，加快融合发展步伐，实现宣传效果的最大化和最优化。"① 在此次研究讨论中，齐鲁晚报报网融合将齐鲁壹点 App 作为突破重点，努力实现传统报纸订阅者和手机客户端用户的一体化，积极完善报纸订户数据库，增加挂号服务、公交即时查询、快递查询、交通违章查询等便民实用功能；新华网以超级编辑部理念打造全球新闻中心，提升信息产品生产效能，初步实现了全媒体内容一次采集、N 次加工和多终端、多平台分发，基本形成适合媒体融合发展需要的报道策划和组织指挥体系；湖北日报传媒集团全力推进"长江云"新媒体平台的建设和完善，拓展"新闻＋政务＋民生"重点功能，履行服务职责，形成"一次采集、多样编辑、多端分发"的全媒体生产运作流程，展示了主流新媒体领袖平台如何从对等生产的角度协调媒体社会责任和中国社会责任之间的关系，这种关系根植于问题解决、身份认同和参与对话三方面内容，可以被定义为依赖社交媒体平台的技术支持、有意识的社区和面向行动主义目标的对等产品特性的组合。此次研究仅从媒体产业管理履责角度进行分析，随着

---

① 《习近平：推动媒体融合向纵深发展　巩固全党全国人民共同思想基础》，新华网，http://www.xinhuanet.com//politics/leaders/2019-01-25/c_1124044208.htm。

媒体格局的转变，消费者/公民如何看待非营利新闻机构的媒体社会责任价值，媒体社会责任治理和责任绩效如何体现，这些问题有待进一步研究。后续研究还需要评估媒体社会责任传播创新实践模式的长期可持续性及其传播力、引导力、影响力和公信力。

（本文图表资料来源为作者根据媒体社会责任报告等公开信息整理）

新媒体传播

市场化纸媒向
新内容转型的尝试与思考

刘春燕　王　毅*

摘　要：　在纸媒向新媒体转型的大环境下，对市场嗅觉更灵敏的市场
　　　　　化媒体，转型过程或许更具有代表性。它们的内容生产方
　　　　　式、表达形式、传播渠道、商业模式等都发生了颠覆性的
　　　　　变化。
　　　　　笔者（王毅）所供职的博雅天下传媒，与市场高度接轨，
　　　　　转型过程具有一定的代表性。从《人物》《财经天下周刊》
　　　　　《博客天下》三本杂志出发，孵化出了十多个新媒体产品。
　　　　　其中"人物""每日人物""AI财经社""市界"等新媒体
　　　　　品牌，已经是相关领域的"头部"内容生产者。笔者希望
　　　　　能够从个人视角，讲述市场化纸媒向新媒体、新内容、新商

* 刘春燕，楚天都市报全媒体运营拓展部主任，武汉科技大学学士，湖北省优秀青年记者，在
《楚天都市报》等纸媒工作13年，曾长期从事时政新闻报道；王毅，博雅天下传媒 CEO 助
理，"市界"总经理，《成都商报》前首席记者，"红星新闻"创始团队成员，武汉科技大学
学士。

业转型的过程。

技术打破了传统媒体对信息传播渠道的垄断，信息的生产、传播途径从大动脉变成了毛细血管，人人都能参与其中。新内容转型的范围远超出了新媒体，颠覆了传媒的生产、传播、评价体系，以及商业模式。但百花齐放的年代，也是优质内容稀缺的年代。

关键词：　传统媒体　市场化纸媒　新媒体　新内容　转型

本文将结合四大问题展开叙述：1. 纸媒为什么要向新媒体转型？2. 转型后，在去中心化的同时建立新中心的过程中，内容格局发生了哪些变化？3. 什么样的内容是市场需要的好内容？4. 商业模式有哪些改变？

一　纸媒为什么要转型

（一）打败你的不是老对手

门户网站与传统纸媒战争的硝烟似乎还未散去，而今天抢占新媒体行业高地的，却并非两者之一。

10 年前，门户网站的发展给纸媒的市场造成了很大的威胁，但纸媒仍占据重要地位。门户网站的崛起，只是增加了信息的发布平台，但没有对传媒的内容生产、传播方式、受众需求进行颠覆性改变。

门户时代，传统媒体仍然是最重要的内容供应商，这也是传统媒体能够与门户抗衡的重要原因。一方面，部分传统媒体需要借助门户的强大平台传播内容、宣传品牌；另一方面，媒体自有平台，受到了门户的冲击。

双方亦敌亦友，多次出现过纸媒联合抵制门户网站的情况。在某些新闻事件上，比如，在对"神舟"系列飞船发射的报道中，传统媒体的联合起到了作用。

近十年来，关于每次发射，几乎所有市场化传统媒体，都将纸质平台作为首发渠道，不在网站、微博等平台更新相关新闻。采取这一做法有其他因素，但实际结果是造成了对门户网站的围剿，门户网站无消息可用，有的将报纸内容拍成图片传播，有的被迫要自己派人采访。

当时，门户网站的一线记者储备有限，受困于资质、资源等，在对"神舟"系列飞船发射的报道中，内容产出远不及传统媒体。传统媒体的这种"胜利"只是个案，也是逆时代前进方向的行为。

首先，飞船发射虽然是国之大事，但并不一定是大多数读者关注的大新闻。报道这个事件，没有太多的新闻延展性，很难做到内容有厚度。

另外，发射中心是军管区，是特殊场所，在封闭区域很容易形成信息垄断。但绝大部分新闻事件是发生在开放场所的，信息的传递方式越来越开放。

回想当时的"战役"，与现在的境况颇有几分相似，只靠抵制改变不了车轮前进的方向。

纸媒与门户网站的博弈还未分出胜负，技术的进步就让门户网站也成了传统媒体。打垮你的不是当时可见的竞争对手，而是出现的新业态、新模式。3G、4G、5G等技术的应用，彻底改变了人们获取信息的方式，也颠覆了内容的生产、传播形式。

从报纸的普及，到市场化纸媒的繁荣，经历了百年；市场化媒体的黄金期，也延续了约20年。而随着技术的发展，每一次更迭的时间都会缩短，从业者只能争朝夕。

笔者（王毅）曾就职的一家报社，2011年仍是盈利的高峰，营收超过14亿元人民币。现在所供职的博雅天下传媒，其所综合运营的《人物》《博客天下》《财经天下周刊》等杂志，是在纸媒的黄金期诞生、发展壮大的。其中，《人物》杂志创办于1980年，现在到了中年人的年龄，仍然拥有一批忠实的读者。

在技术发展突飞猛进，信息传播途径、人们生活方式瞬息万变的时代，一个 20 年处于巅峰期仍没有被改变的行业，本来就是极其少见的。纸媒的模式被改变是历史的必然，这种改变的速度比笔者预想的要慢。能经历之前 20 年市场化纸媒的辉煌，是我们的幸运，但如果不寻求改变，是等不回来那种辉煌的。

（二）信息缺口被忽视，传统模式遭重创

笔者（王毅）有过在两三家报社工作的经历，也对全国部分市场化纸媒做过调研。大约从 2012 年开始，不少市场化纸媒的营收呈现断崖式下滑，同比几乎是腰斩。

经营业绩是报纸、杂志市场下滑的指数体现，背后隐含的是生产模式的落后、内容的不合时宜、渠道的单一，以及商业模式的陈旧等众多问题。

媒体人的精英意识造成了"不平等"的视角，让有些作品不接地气，高高在上。对公权力的监督、对公共利益的守护、以权威的视角告诉公众事实，这些以往是媒体的使命。责任、权威、公信力是媒体的座右铭。这可能会造成填鸭式的灌输、生硬的信息传递、冷冰冰的文字。

巨大的信息缺口被忽视。如今，新内容由受众把关，这扇门一旦被打开，内容的市场就变得豁然开朗。

报纸、杂志等传统媒体本就是小众的产品。在市场化纸媒的鼎盛时期，实际发行量超过 50 万的媒体，已经占据了行业内的重要位置。加上同一份报纸的信息分享，一篇文章总阅读量能超过 200 万次，已经难能可贵。

但从我们庞大的人口基数来看，以往纸媒的严肃新闻，能满足的只是小部分群体，是非常小众的。但需求信息的是大众。

小众产品无法满足大众需求，那谁来满足他们？新的内容应运而生。现在的用户可以用阅读量投票，在评论席参与内容，在自己的平台发布内容。媒体人固有的精英意识受到了极大的冲击。

微信、微博等平台产生的自媒体，以及短视频的快速发展，使内容生产全民化。平台的打通，让每一个生产者处于平等竞争的地位。信息传输

渠道的垄断被打破，也让信息从主动脉传递变成了从毛细血管传递。每一根毛细血管都有了机会。这是一个人人都能成为内容生产者的时代，以往"权威"的刻板印象可能会成为传统媒体转型的绊脚石。

二 转型后的内容格局

（一）百花齐放的年代，信息不再是稀缺品

读者成了用户，不再是媒体写什么读者看什么。用户可以选择信息，参与评论信息，甚至制造信息。内容生产者也不仅传递信息，而是实现了社交、电商等多种连接。

垄断的渠道被打通后，信息呈现爆炸式的增长，从人找信息变成了信息找人。信息不再是稀缺品，而是"产能过剩"，这是一个颠覆性的变化，颠覆了传统表达方式，重构了内容生产链条。

这种变化，让一批纸媒关停，媒体人开始审视以往的生产方式。

自媒体崛起的时期，笔者（王毅）还在传统报纸工作，对非专业的内容生产者曾有种不屑，认为他们没有职业记者调查的深入，没有适当的文笔，没有职业的精神。有些人甚至认为，优秀的内容会越来越少，纸媒只要坚持做优质的内容，就会有市场。

事实证明，专业机构的缺少的确使优质内容越来越少。但并不是原有的生产者在满足用户对优质内容的渴望，而恰恰是新出现的机构、作者，迅速抢占了内容的高地。

大趋势不会再倒退回纸媒时代。酒好也怕巷子深，何况要认识到，酒好不好是用户说了算，而不是自己说了算。

大量的内容生产者层出不穷，是不是就意味着优质的内容越来越多了？信息爆炸的时代、快节奏的生活，能让人静心研读的作品还有多少市场？

受新媒体的冲击，我们听到传统纸媒叫苦不迭，那么传统纸媒就完全丧失了竞争力吗？明显不是，传统纸媒生产优质内容的能力是很深厚的。笔者认为，这仍是新内容时代的核心竞争力。

（二）优质内容稀缺的年代，谁将抢占新的中心

新的模式颠覆了以往的格局，但百花齐放的年代，实际就是优质内容稀缺的时代。

海量的内容也给用户选择所需要的信息增加了困难，甄别这些信息会增加用户的烦恼，增加时间成本，耗费更多精力。

今日头条、抖音等技术优先的平台，根据用户的喜好进行推送。同一信息内容，被反复推送，看似满足了用户的喜好，但当用户耗费大量时间精力沉浸其中后，若反问"我得到了什么"，相信不少人会一脸茫然。

信息推送越精准，信息茧房效应越明显。用户不是开阔了眼界，而是越来越闭塞。

回到优质内容的话题。用户不能轻易地从海量信息中筛选出优质内容，技术的应用也不是万能的。能够生产优质内容的新品牌，将会在去中心化同时又建立新中心内容的洗牌过程中，抢占市场高地。

这也是不少内容生产者看准的机会，优质的内容不会没有市场，相反，将会在新中心建立的过程中，占据更重要的位置。

实际上，内容的盛宴刚刚开始，舞台会变得越来越丰富多彩。内容生产者们希望通过对内容的执着和坚守，深耕精作一批能记录这个时代的优秀作品。

三　市场需要的好内容

（一）内容创业走上快车道

"新媒体"只是与传统媒体对应的称呼，而内容的蓬勃发展，早已超出了媒体的范畴。新闻并非是刚需，信息才是。笔者认为，用"新媒体"概括传统媒体的改变和转型是不准确的，应该称之为"新内容"，内容比媒体涵盖的面更大，很多内容已经超出了新闻的范畴，例如社交、电商等。

在去中心化和重构中心的过程中，谁占据了新媒体时代的高地？一是

转型成功的传统媒体；二是在乱局中依靠技术、商业模式等崭露头角的新型媒体；三是成为"关键意见领袖"的自媒体。

笔者（王毅）参与了一家新媒体"市界"的创办，也曾是"红星新闻"的 10 名初创人之一。

各种传播平台的兴起，让内容创业犹如走上了高速公路，省去了很多不必要的负担，比如发行渠道、成本等。

博雅天下传媒旗下的"人物""每日人物""市界""AI 财经"等从杂志出发创立的新媒体，营收已经远超原有的杂志，成为核心竞争力。

"红星新闻"在创立的前两个月，依靠社会新闻，迅速抢占了部分市场。

在做"红星新闻"之前，笔者（王毅）与 10 人的小团队利用业余时间做了微信公号"新闻马赛克"，当时没有专职的运营。

动机很简单——"去掉马赛克，新闻赤裸裸"。大家只是为了呈现在采访中没有见报的内容。

10 人轮流生产内容：社会、法制、时政新闻、记者手记，还有周末郊游。内容多变，几乎是想到什么写什么。

不到一年时间，制造了多篇 10 万 + 文章，拥有粉丝一两万人，而这在兼职的内容创业者中，已经算步伐缓慢的。

大家开始总结创业的收获：新平台创造的 10 万 +，一是话题性足够强，二是情绪明显。这与以往强调事件重大，表达中立、客观的要求有所不同。

硬新闻一定会有高流量，但硬新闻可遇不可求。长期保持高流量，需要发现和制造能引起共鸣的普通话题。

比如，其中一篇文章的内容是：山东的学生要给四川贫困地区捐旧衣服，选择的捐助对象是成都石室中学。而这所中学却是成都最顶尖的，学生家境即使不是"非富即贵"，也是与"贫困"二字相去甚远。

"新闻马赛克"对此事进行了报道，评论后台立刻被石室中学的学生、家长，甚至成都人民抢占，点击量快速升到 10 万 +。文章有了谈资，后台就乐开了花。笔者（王毅）记得有学生留言：石室中学的学生真的很贫困，只能骑着大熊猫上学了。

身边事容易引起共鸣，语言诙谐等因素都是这篇文章广泛传播的关键。文章的内容与笔者（王毅）曾常年从事的调查新闻、关注的重大事件截然不同。这对笔者（王毅）的固化思维，其实有些颠覆。

这10人迅速转为"红星新闻"的初创团队，他们来自《成都商报》的深度调查部门，涵盖国内、国际新闻，其中有4名报社首席记者。

团队临时申请了微信公号，基础粉丝为零，在其他渠道零起步建立自有平台。"红星新闻"的新闻操作不能像"新闻马赛克"一样随意，而是延续时政、社会、法制新闻调查的强项。

大概两三个月时间，公号就已经有了些名气。现在，《成都商报》已经全员转型为"红星新闻"，这意味着对初创时的效果是认可的。

这样的发展速度在纸媒时代是极其少见的。

（二）与用户交朋友，从说教到互动

新媒体的优势在哪里？直观感受的优势有：更具有时效性，内容容量更大。

以往的月刊杂志每月只有10篇文章，而公号每月至少可以发布30篇，加上其他的平台，如果内容生产能跟上，就能够发布海量信息。

新媒体更贴近热点。粉丝、阅读量的快速增加需要新媒体持续生产爆款，而爆款往往是在热点事件、人物中产生的。

2018年，《人物》杂志曾创下了单本杂志1小时内预售64899册的成绩，单本电子刊最高销量达到186910本。[①] 杂志发行量逆势而上，也是新媒体反哺的结果。

这就是市场对优质内容的肯定。载体的变化，并不意味着舍弃优质内容。

那什么样的内容才是新内容时代的优质产品呢？

---

① 引用自《人物》2019年刊例介绍。

现在，用户阅读量、评论参与度、经济效益转化等都有了量化指标，这些数据不是评价内容好坏的唯一标准，但影响着内容行业的走势。内容不再以生产者的意志为中心，而是以用户的反馈为标准。

好的内容首先要求作者从普通人的视角审视现实。内容生产者与用户之间是平等的，不再是精英阶层俯视众生。

什么样的内容最受关注？贴近热点事件、热点人物的内容容易收获高阅读量。

"市界"创立一年半，阅读量排名前列的文章均是对热点事件的深度报道。《范冰冰资本往事》《寻找吴铁军》等热点文章，创造了当时的阅读量高峰。"人物"对易烊千玺、范雨素等明星、热点人物的报道，也刷新着点击量。"AI财经社"的高阅读量作品《戴威，官威依旧》等文章，结合热点进行深入的分析。

好内容要有个性。有个性，要求文章角度有特点，不是人云亦云，不是通稿下的"你有我有全都有"。纸媒时代，是否"漏稿"曾是评价记者业务能力的一条标准，同质化情况严重。而新媒体不再需要这些大路货，你需要告诉用户不同的角度，能够洞察人性或商业文明的实质。

独家文章、首发报道是传统媒体的个性，这些硬新闻是传统媒体的爆款；独特的视角、解读、评论，是新媒体制胜的关键。

好内容还必须人格化。从文章要看出这家媒体和作者个人的风格。好文章是一个人在向另一个人讲述，使用户能够鲜活地感受到你的喜怒哀乐，你是带着情感的，是能够影响甚至感染、调动用户情绪的。

好内容是要有温度、有情感的。这也是与以往机构操作很大的不同。

好内容还需要有好故事。"AI财经社"关注的重点是科技、新商业。但与以往财经媒体通过数据进行生硬的表达不同，"AI财经社"擅长讲故事，将故事与商业结合，小众的财经报道就变成了大众关注的热点。

观念一变，把以往toB为主的财经媒体模式、流量向C端转移，C端的影响力又实现了对B端的触达。

把读者变用户，一词之变，理念却千差万别。纸媒与读者的互动方式有限，例如热线电话、读者活动等，只有少数读者能够实现和媒体的互动，效果有限。在新媒体、新内容时代，媒体与用户的交流几乎无障碍，评论、社群等也让内容生产者与用户可以平等地交流。

与用户的沟通不再是刻板的一问一答，更不是外交辞令式的应付，而是深入的互动，把用户当朋友，要回复问题，还要调动情绪。

阅读量常常达到10万+的"8字路口"，由一个仅有4人的小团队运作。其负责人认为，要用不严肃的口吻讨论严肃的话题，评论要比事实更吸引读者。

新媒体让创作者不必有洁癖，不必端着姿态，可以在文章、评论区调动用户，这是情绪表达的方式，也是传统媒体不会用的技巧。

这种调动情绪的方式，不仅市场化媒体有，像人民日报社的"侠客岛"等越来越多央媒旗下的新媒体也有，它们的评论区也经常"炸开了锅"。"侠客岛"与用户互动时喊出："我们不是小编，是岛叔和岛妹。"

"新闻联播"的抖音号喊出："我们一起抖起来，一起上热搜。""早知道联播这么好看，谁还追剧啊。真的要谢谢大家这么夸张的关注。这里有足够的理智和情感，有分明的事实和言论，能看到真正追求美好的中国人。"

（三）新内容的尺度：应在价值观的基准线之上

新内容时代百花齐放、百家争鸣，但传统媒体的专业精神和职业素养，仍是生产优质内容不可或缺的要素。

生产一篇爆款不难，但我们对于内容的讨论，必须在价值观的基准线之上，缺失了价值观的爆款是没有灵魂的。这也是传统媒体人转型做新媒体所应有的担当。

碎片化的信息可以填补用户时间的空隙，但精神的空当还是需要有价值的内容。

新内容时代如何体现价值观？以博雅天下传媒旗下"人物"团队为例。"人物"记录这个时代有影响力的大家，实现平台的公信力和担当。"每日人物"则是通过记录一个个普通人，来拼接时代的印记，它的影响力反映了团队对普通新闻人物的倾心程度。

团队成员是一群有新闻理想、有专业主义精神、有职业操守、有扎实文字功底的媒体人。采编骨干人员来自《新京报》《南方周末》《中国青年报》等传统媒体。

这是一个门槛较高的团队，不是随意一个内容从业者可以加入的，这也是团队的核心竞争力。

"人物"文章的操作要求沿袭了传统媒体时代的高标准。比如，会要求访问至少二三十位与当事人相关的外围知情者，这些受访对象需要从不同方面选取。对文章的文字也会精细打磨，编辑会要求记者数次甚至十余次返工，这都属于正常现象。对细节的深入刻画、对人性的洞察等都要在文章中得以体现。

我们希望达到的效果，正如"人物"对易烊千玺进行报道后，他的一句总结——"从未看到如此清晰的自己"。

《人物》杂志创刊于1980年，比团队大部分作者的出生时间还要早。市场化纸媒衰败的大趋势，纸媒萎缩的大趋势，也把《人物》杂志带入困境。

"人物"团队创造了"人物"和"每日人物"两个新媒体平台，在微信公众号等多个渠道分发内容。

其中，"每日人物"创办于2016年2月22日，团队延续了"人物"的选题和写作风格，所不同的是渠道发生了变化，全平台用户已经超过了350万个。"人物"的全平台读者更是超过了700万个，微信头条平均阅读量超过10万＋，也可以说几乎篇篇10万＋。

凭借对优质内容的笃信，最近两三年，我们还陆续创办了"AI财经社"和"市界"两个内容品牌，骨干力量同样来自《新京报》《财经》《财新》《中国新闻周刊》《南方都市报》《南方周末》《中国证券报》等优秀的传统媒体。

"AI财经社"关注新商业、新技术、新模式。"市界"则希望洞察资本市场，持续提供一级和二级市场快速、准确、权威的内容，对上市公司进行价值深度研究。这两个品牌也在短期内成为所在行业的头部内容生产者。

这种高速发展超出了纸媒时期的创业项目。

四 新媒体时代的新商业模式：卖货的做内容，比做内容的卖货，更具有优势

一家内容机构，尤其是新机构，独特的商业模式、良好的经营状况，是市场认可度和内容价值的体现。

新内容带来了很多新方向，传统媒体的商业模式不再能支撑新玩法。

我们探讨商业模式，首先要明确你的客户是谁，大多数的内容创业者会把商业模式瞄准开放的市场。

优质内容能够产生的商业价值是显而易见的，同时好内容也是对品牌影响力的加持。

"人物"擅长通过对关联人物的描写来反映品牌的价值。在"人物"为SK-Ⅱ定制的品牌软文中，对SK-Ⅱ形象代言人春夏的专访让不少客户为之一振。文章没有赤裸裸的广告痕迹，但在细节刻画、故事描述中，展示了春夏的人格魅力，借此反映SK-Ⅱ的品牌定位，也收获了大量的流量。

这种内容价值、商业价值的双赢，是内容优质媒体商业成功的表现。

传统的商业模式是刊登软文、举办活动等，实现的是公关和品牌宣传。在新内容时期优质的内容是重要的商业变现模式，这种模式可以保障新内容平台有一个基本、稳定的收入。

但新闻内容和商业的黏合度不高，平台即使拥有大量的用户，也没有明确细分，商业变现针对性不强。

内容在变、平台在变，如果商业模式没有创新，那很快就会触摸到"天花板"。

如果还像传统媒体以内容宣传为盈利模式，未来是很快就可见的。做活动、做品牌宣传等新增点，只是添油加醋，不足以实现质的飞跃。

生产新闻的新内容平台，如果内容优质，经营稳定，可以实现赢利，但营收很容易触碰"天花板"。商业的增长可能是从 1 到 10 的，但实现从 1 到 100 的飞跃，是需要通过完善商业模式的。

商业模式是一个永远在被探讨的话题。越来越多的新内容平台走向了细分领域，这和以往大而全的传统纸媒完全不一样。占领细分市场，就有明确的客户群和用户群。如果再实现品牌宣传、带货等市场行为，商业模式就要清晰很多。

新内容营销的表达方式比传统媒体直接很多。不少新内容平台在尝试"带货"，这是目前营利见效较快的模式之一。

"黎贝卡的异想世界"是传统媒体人转型新内容的成功案例。黎贝卡的成功在于依靠其"时尚教主"的定位，拥有一批定位清晰、购买力较强的用户。她经营时尚，推出的商品几乎都成了爆品，创造过 4 分钟售罄 100 辆定制款 MINICOOPER 的成绩。

越来越多靠贩卖理想、贩卖情绪、贩卖时尚等带货的内容生产者，并不是媒体人出身，但他们是成功的。

中欧商学院营销学教授蒋炯文的总结，也是笔者（王毅）对传统媒体平台转型带货的感悟。他说："卖货的做内容，比做内容的卖货，更具有优势。"

黎贝卡的商业成功只是个案，多数成功的营销号，并非传统媒体转型。

"人物"的全平台粉丝超过 700 万个，公众号的平均阅读量超过 10 万＋,也可以说几乎篇篇 10 万＋。"人物"对用户年龄做了调研，大部分用户集中在 26～34 岁，女性用户占到六成，本科学历以上的用户达到 69.3%。① 可以说这是一个非常优质的用户群，也是极具购买实力的用户群。

"人物"开展过几次带货。尝试知识付费，以"人物"主要负责人为班底开办写作课，取得了较令人满意的效果，第一期课程的营收近百万。

---

① 引用自《人物》2019 年刊例介绍。

之后，"人物"又有过几次尝试：与曾经的爱马仕设计者共同打造了"人物"品牌丝巾；自制品牌帆布袋；还卖过小龙虾。这些尝试有一些效果，但转化率没有达到预期。

为什么"人物"的用户群虽然拥有强大的购买力，但售卖的一些商品转化率却不高。笔者（王毅）总结了三个原因：第一，从媒体人的角度出发生产内容，而不是从卖货者的角度出发，没有唤起用户的购买欲望；第二，所选产品与用户需求匹配度不高，没有用商人的思维钻研市场；第三，用户群不够精准，职业带货的内容生产者，他们的平台形成了细分的用户市场，因此不管是卖口红还是卖车，都比"人物"数百万粉丝的综合平台转化率高。

带货的新内容机构能够影响人们的购买决策。抖音、快手等短视频内容创作者，淘宝直播等直播用户，以及今日头条等内容平台的广告推广，都影响着人们的购买决策。这是很大的变化。

在以往的网购模式下，淘宝、京东等购物平台可能只是人们的购买平台，但购买决策过程并非都在这些平台产生。最重要的购买决策可能来自实体店，可能来自身边人的推荐，购物平台只是一个购买途径。

现在，对购买决策的影响作用被部分新内容取代，能够影响人们购买决策的内容，其商业价值是显而易见的。

五　总结与思考

传统的内容生产模式被技术打破，市场的缺口被打开后，新模式、新内容、新商业如洪水般涌向内容市场，给传统媒体带来的冲击是显而易见的。报纸原有的新闻生产速度不能满足"直播"时代的需求，而原有的周报、杂志等生产周期更长的纸媒，信息滞后更加严重。在信息瞬息万变的年代，媒体如果沿用原有的生产方式，只靠"精品"，以视角和写作取胜，恐怕很难跟上市场的步伐。

杂志的新内容转型，应该在坚持精品的前提下，探索新渠道、新表达方式、新商业模式。信息传递速度要与互联网时代相匹配，表达方式要与主流用户口味相吻合，商业模式也要更多元、更立体。

本文探讨的四大问题，是笔者经历新内容转型后的感悟，但市场需求与新闻专业主义如何调和、新业态是否能成为新内容转型未来的方向等问题，仍值得深思。

（一）与用户做朋友，点击量、转化率优先的新体系，内容的选择是否一定要附和多数人的口味？新闻专业主义与大众需求的博弈如何平衡？比如，娱乐明星的报道容易出爆款，但太多的娱乐新闻又不足以体现内容的价值。

（二）新闻传播普惠化，自媒体方兴未艾。但自媒体是生意还是媒体？它可能是媒体的未来吗？

（三）要公信力还是要感染力？贩卖情绪可以引起共鸣，产生较好的效果，比如为了传播，不少新内容标题的拟定都带有情绪因素。这符合沉默的螺旋理论，人们会人云亦云，从众心理很重，容易被他人的情绪带领而受到煽动。

纸媒的要求是言简意赅有深意，一句话说清楚，不需要贩卖情绪。有的新内容延续了纸媒的传统，比如"8字路口"，流量也取得了很好的效果。风格是"情绪"还是"深意"？这需要从业者做出选择。

（四）新媒体时代，把控风险的能力需要经得起检验。内容的多样性是由人才的多样性引发的。在"专业性"稀缺的新内容格局下，不管是面对监管的风险还是商业的风险，把控能力都需要检验。

（五）短视频是未来的出路吗？现在"短视频"是内容从业者的高频词，几乎人人短视频的时代已经到来。但视频真的会成为新传播的文本吗？视频能否成为更宽的媒介呢？

（六）新内容时代需要打造商业模式的闭环，这种模式一定是创新且不守陈规的，但这种商业模式还没有明确的路径，如何实现一条龙的产业链，仍在探索中。

短视频下半场：机遇与挑战

崔永鹏　朱　杰*

摘　要：　近年来，短视频成为各界关注的热点，短视频相关的实践和研究亦出现井喷式增长。本文采用文献法、访谈法和桌面研究梳理了 2018 年短视频行业发展现状，认为短视频发展进入下半场，并在梳理短视频"下半场"相关概念的基础上，总结短视频下半场的基本特征。认为从内容生产、分发、行业发展等方面来看，短视频呈现创作主体多元化，由 UGC、PGC 向 MCN 发展；内容分发平台化，梯队基本形成；内容生产优质化，高品质内容不断涌现；资本投资理性化，多数处于早期阶段；严监管常态化，行业生态基本形成。短视频下半场具有用户规模大，垂直市场潜力巨大；技术创新在短视频下半场发展中扮演重要角色；短视频在新闻资讯领域将继续发挥重要作用；微综艺、微剧成为短视频下半场的新赛道；主流媒体、主流舆论的影响力将不断扩大。同时，短视频下半场发展也依然面临优质内容生产、版权保护、监管、盈利模式等方面的诸多挑战。

* 崔永鹏，西北民族大学新闻传播学院讲师，理学硕士，研究方向：媒介技术、数字化学习理论与实践；朱杰，西北民族大学新闻传播学院副教授、执行院长，中国新闻史学会少数民族新闻传播史研究委员会副会长，四川大学文学与新闻学院博士在读，研究方向：中国少数民族新闻传播理论与实务、新媒体研究。

关键词： 短视频下半场 内容生产 监管

目前，数字原生代已成为互联网市场的使用和消费主体，移动化、社交化和视频化的互联网信息消费特点使视听媒介成为整个行业关注的热点。随着移动互联网、智能化终端和社交媒体平台的发展，在这个"无视频，不传播"的时代，短视频以其"短、快、趣、精"等特点，成为互联网行业内容创业的风口和新的增长极。2016 年被称为移动短视频元年，短视频成为内容创业的新风口；2017 年短视频领域群雄混战，短视频出现井喷式发展；2018 年短视频迎来黄金时代，短视频发展进入下半场，短视频领域内关于用户、内容、平台、技术、人才、资金的竞争日趋激烈。

本研究主要采取文献研究、深度访谈和桌面研究的方法，在全面收集、整理和梳理短视频相关研究文献的基础上，通过整理、归纳和分析，厘清短视频行业下半场发展的相关理论问题。通过对行业专家、短视频平台资深用户的深度访谈，了解行业发展相关情况。通过梳理政府机构数据与信息、行业新闻动态、短视频企业年度数据报告、第三方研究机构专题报告等公开信息，从理论视角与业界实践层面探索短视频行业下半场的发展。

一 短视频进入下半场

（一）短视频"下半场"概念的提出

在风起云涌的互联网行业，由于社会环境、技术发展等外部因素和平台升级、用户需求等内部驱动的双重合力，短视频成为行业新宠，围绕短视频形成的平台、创作团队、机构、网红、IP 不断涌现。与其他互联网行业一样，在经历了萌芽、探索、成长等多个发展阶段后，短视频行业逐渐进入成熟期，在历经资本涌入、巨头布局、用户增长等过程后，以基础设施建设、用户积累为核心的上半场竞争已结束，在短视频行业内正在进行监管升级、整改加速，行业发展逐渐趋于理性，短视频行业开始进入下半场，促进业内各种资源和产业结构深度优化重组的下半场竞争拉开了序幕。

关于短视频"下半场"的概念，学界研究者和行业从业人员均从各自的视角提出了不同观点。2017年10月，《中国科技信息》2017年第19期以信息可视化的方式，通过大数据扫描短视频行业，最早提出"短视频下半场开始"的说法。① 2018年7月，《中国品牌》记者姜林燕发表题为《短视频的下半场厮杀》的观察文章，从营销角度分析了短视频的商业之路。② 2018年9月，任陇婵在《视听界》发表题为《短视频的"下半场"开始了吗?》的文章，认为短视频告别了上半场泛娱乐化、简单粗暴的发展模式，开启了下半场新发展模式的探索。③ 学者王晓红（2018年）认为，受视频消费的移动化和社交化驱动，短视频行业向垂直化和全域化拓展，面对政策规制的日益规范、行业产能的结构性过剩、内容同质化日趋严重、市场盈利压力的持续增加，短视频行业进入复杂多元的下半场。学者吴炜华（2018年）认为，由互联网技术与平台驱动、移动传播赋权的中国短视频文化与产业创新正踏上一个新的征程。一下科技高级副总裁张剑锋（2018年）认为，短视频市场竞争进入了复杂、剧烈、多变的下半场，风口继续劲吹，竞速时代来临。④ 学者彭兰（2019年）认为，短视频在"火山爆发"式的增长后，将进入"细水长流"的长线应用，从发展路径来看，短视频是以"生活化"的底色从民间文化走向公共传播，并将秉持"以人为本"的文化基因。⑤ 在国家"加快推动媒体融合发展，构建全媒体传播格局"的大背景下，新型主流媒体平台不断涌现，由县级融媒体中心建设推动的基层媒体在传播力、引导力、影响力、公信力方面得到不断提升，5G时代到来，AR、AI、区块链等技术成为推动短视频行业升级的重要推动力，用户画像

---

① 中国科技信息：《短视频下半场开始》，《中国科技信息》2017年第19期，第8页。
② 姜林燕：《短视频的下半场厮杀》，《中国品牌》2018年第7期，第38页。
③ 任陇婵：《短视频的"下半场"开始了吗?》，《视听界》2018年第5期，第10页。
④ 2018年第九届中国国际新媒体短片节：《短视频下半场突围，"海外扩张""精品化""5G时代"或成关键词》，中国日报中文网，2018年11月28日，http://chuangxin. chinadaily. com. cn/2018 - 11/28/content_37327596. htm，最后访问日期：2018年12月19日。
⑤ 彭兰：《短视频：视频生产力的"转基因"与再培育》，《新闻界》2019年第1期，第34页。

和人群特征逐渐清晰，对高质量内容的消费需求愈加强烈，短视频平台在经历了整合、下沉、跨界、出海的演进之路后，短视频领域的平台格局基本形成，但垂直细分领域将陆续崛起，短视频行业发展迎来下半场。因此，本研究认为，短视频下半场是指在新的时代背景、技术环境、用户需求、企业发展等多种因素的作用下，随着行业监管和生态的基本形成，短视频在内容生产、技术应用、平台建设、行业投资等方面迎来新的发展阶段。本研究之所以选取"创作主体、内容生产与分发、资本投资状态、行业监管"作为短视频下半场发展观察指标，主要基于以下几方面的原因。一是短视频行业发展至今，已经逐步由爆发式增长阶段过渡到平稳增长阶段，[①] 必然要求有高质量的内容满足用户的需求，创作主体的组织化趋势将更加明显。二是随着行业的深入发展，涌现出不少用户规模庞大、日活跃用户遥遥领先的短视频平台，这些平台已经深度嵌入用户的日常生活，成为"数字化生存"的重要内容。三是短视频成为移动互联网时代内容表达与消费的主要形态，整个行业发展逐渐成熟并趋于理性，资本投资也必将理性，而行业严监管常态化，必将引领短视频走向健康、有序的发展道路。

（二）短视频下半场的基本特征

1. 创作主体多元化，由 UGC、PGC 向 MCN 发展

短视频的内容生产主要有 UGC、PGC 和 MCN 等模式。UGC（User Generated Content）是指用户原创内容，即由用户将原创内容发布在网络平台。UGC 模式是 Web2.0 时代传统视频网站的视频生产模式，为基于网络平台的内容生产带来了丰富的原创内容。在短视频行业，由于智能手机的普及和各类短视频 App 各项功能的易用性，在短视频行业发展的早期阶段，基于 UGC 模式的原创视频创作门槛低、能够满足自我表达的需求等原因，产生了大量的短视频内容。从类型来看，主要包括生活记录类内容和基于兴趣

---

① 张志安、冉桢：《短视频行业兴起背后的社会洞察与价值提升》，《传媒》2019 年第 7 期，第 52 页。

爱好的创作类内容，主要包括美食、美景、美妆、舞蹈、技能分享、幽默情景剧等泛娱乐类内容，基于 UGC 模式产生的短视频对培养用户活跃度和黏性具有重要的意义。

PGC（Professional Generated Content）是指专业化内容生产，指由专业创作团队策划、制作的有创意、高品质、专业、精致的短视频内容。PGC 主要体现在创意策划、拍摄、编辑制作和运营推广方面，包括题材的选择、主题的确定、剧本的形成、台词的设计、镜头的拍摄、表演和剪辑的把握、后期的宣传和推广等多个环节。基于 PGC 模式产生的短视频一般通过建设官方网站、主流自媒体号和客户端的形式进行内容分发，其中微博、微信公众号、头条号、大鱼号、官方网站和客户端等是最常见也是最容易产生影响力的分享和传播渠道。

MCN（Mult–Channel Network）即多频道网络，此概念源于国外互联网视频领域，是指将优质的内容生产者联合起来，保证内容生产的连续性和规范性，实现品牌效应，最终达到商业变现的目的。此概念引入我国后，国内部分研究机构将 MCN 界定为联合若干垂直领域具有影响力的互联网专业内容生产者，利用自身资源为其提供内容生产管理、内容运营、粉丝管理、商业变现等专业化服务和管理的机构。目前国内的短视频 MCN 类型主要有三类。第一类是垂直内容联盟模式。针对移动互联网用户需求垂直化、细分化的特点，根据不同用户的需求进行精准化、专业化的内容生产和推送。以此类模式发展的 MCN 机构主要有快美妆、青藤文化等。第二类是头部 IP 驱动模式。在短视频行业发展上半场诞生了一批具有影响力的内容创作者，他们的作品逐渐生成具有明显特征的 IP，这些头部 IP 利用其拥有的流量资源和优势，吸纳和培育相同或相近领域内的内容创作者，形成相关内容生产矩阵，衍生和孵化新的 IP，出现了 Papitube、贝壳视频、自娱自乐、洋葱视频等机构。第三类是内容货架转型模式。由相关企业利用前期积累的资源优势搭建开放的平台，吸引优质内容创作者入驻，利用规模优势进行商业模式的拓展或转型，其中新片场、魔力 TV、达人说是此类模式的代表机构。据美拍与易观 Analysys 联合发布的《2017 年中国短视频 MCN 行业发展白皮书》介绍，2018 年短视频 MCN 机构数量为 3300 家，2019 年预计可达到 4700 家，[②] 高速发展的 MCN 模式为短视频行业的发展提供了新的动能和催化剂，为短视频内容创作提供了新的思路。

2. 内容分发平台化，梯队基本形成

短视频内容分发平台主要包括独立平台和综合平台两大类。独立平台是围绕短视频行业的内容、功能和服务提供者，以短视频为核心业务的机构，大部分由互联网企业布局形成，主要包括头条系、腾讯系、新浪系、阿里系、百度系、360 系、美图系、爱奇艺系、搜狐系和直播平台系等平台，其中头条系和腾讯系短视频平台在知名度、用户体量、影响力等方面具有明显优势。综合类平台是包含有短视频内容的其他平台，主要包括新闻资讯平台、社交软件、传统视频平台等。从平台梯队分布来看，早期形成的由头部平台、腰部平台和长尾平台构成的"金字塔"结构向"鹅卵形"结构转化，头部平台的影响力将持续扩大，腰部平台的竞争将日趋激烈。随着行业的逐步成熟，进入行业的门槛相应提高，长尾平台将会退场或被吞并。（见图 1）

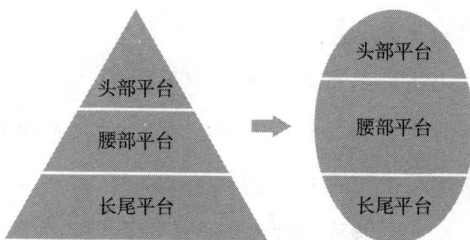

图 1　短视频内容分发平台市场格局

资料来源：艾瑞咨询：《2017 年中国短视频行业研究报告》，艾瑞网，2017 年 12 月 29 日，http：//report. iresearch. cn/report_pdf. aspx? id = 3118，最后访问日期：2018 年 12 月 25 日。

内容分发平台的"马太效应"凸显，头部平台 App 在安装量、用户规模、活跃用户数、用户时长等方面的数据明显高于其他平台，头部平台内部竞争日趋激烈，行业格局基本形成。

---

① 南七道：《短视频 MCN 火爆背后是一地鸡毛还是星辰大海?》，南七道，2018 年 2 月 13 日，http：//www. techweb. com. cn/viewpoint/2018 – 02 – 13/2638761. shtml，最后访问日期：2018 年 5 月 18 日。

② 美拍、易观：《2017 年中国短视频 MCN 行业发展白皮书》，199IT，2018 年 2 月 2 日，ht-tp：//www. 199it. com/archives/685751. html，最后访问日期：2018 年 12 月 25 日。

3. 内容生产优质化，高品质内容不断涌现

短视频领域在经历了野蛮生产后进入了有序发展阶段，低俗、违规和违背公序良俗的短视频内容在国家严厉监管下得到了有效净化和控制，各大短视频平台也采取多种手段进行内容审核，致力于营造风清气正的网络空间，许多优质的内容相继涌现，这些温情、感人、具有知识性和正能量的短视频获得了极高的播放量、点赞数和评论数，短视频下半场的内容生产从"低水平重复"向高品质、专业性方向发展，并呈现丰富多样的内容形态。随着内容消费升级，用户对优质内容的审美和内涵提出新要求。一方面，由于短视频行业内容创业的门槛不断提高，一些专业机构入驻短视频平台，为优质内容的生产提供了有力保障；另一方面，各大短视频平台与机构、媒体开展了系列活动，为高品质内容的生产带来新动力。2018年5月18日，抖音与国家博物馆等7家博物馆联手推出了创意短视频《第一届文物戏精大会》，开启了短视频传播传统文化的新模式，戏曲、音乐、诗词、书法、节日、民俗等中华传统文化在短视频平台上迎来传播和传承的最佳时机，政府机构、传统文化相关企业和文化名人入驻短视频平台，为优质内容的生产带来新的契机。

4. 资本投资理性化，多数处于早期阶段

近些年，资本纷纷聚焦内容创业项目，对短视频给予极高的关注。以2016年3月"罗辑思维"和真格基金等机构投资"papi酱"1200万元为标志性事件，拉开了资本入场短视频领域的序幕，越来越多的资本入局，短视频领域的投资规模不断扩大。根据公开信息整理的短视频领域融资次数统计显示，2016年发生融资79起，2017年52起，2018年41起，资本投资热度不减，但逐渐趋于理性。（见图2）从融资轮次来看，大部分融资处于天使轮和A轮，B轮以上融资相对较少，短视频领域内的投资规模未来还有较大增长空间。从资本投资的类型来看，大部分投入仍然以平台投入为主，内容制作方面投入相对较少，生活类自媒体平台是资本关注的焦点领域。总体来看，资本对短视频领域发展前景持乐观态度，随着短视频行业竞争重心从平台布局向优质内容生产的转移，资本在完成对平台的投资布

局后将会转向内容生产，短视频领域的投资还将持续，但对行业整体投资将会趋于理性。

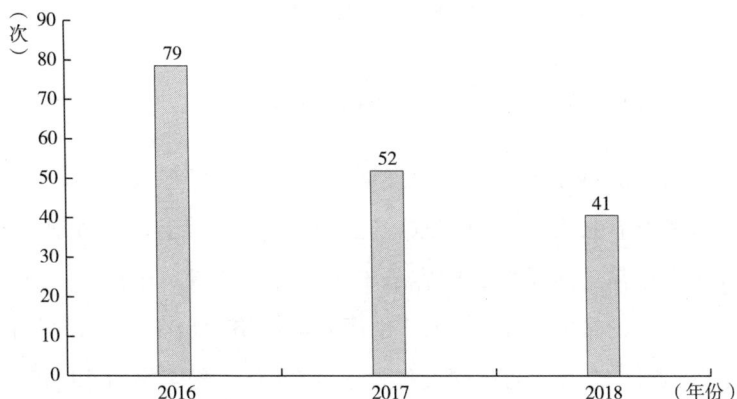

图 2　2016~2018 年短视频领域融资次数

资料来源：根据公开信息整理。

5. 严监管常态化，行业生态基本形成

2018 年 7 月 26 日，根据《网络安全法》等相关法律法规，国家网信办会同五部门依法关停"内涵福利社""夜都市 Hi""发你视频"等 3 款网络短视频应用；联合约谈哔哩哔哩、秒拍、56 视频等 16 个网络短视频平台的相关负责人，对其中 12 个平台做出应用商店下架处置。此后，各短视频平台开展自查自纠，共封禁违规账号 113 万个，查删拦截有害短视频 810 万部。8 月，国家网信办依法约谈"快视频"企业，采取暂停更新 15 天和下架处理。11 月，国家版权局通报"剑网 2018"专项行动成果，15 个重点短视频平台共下架删除各类涉嫌侵权盗版短视频 57 万部，"剑网 2018"专项行动取得良好效果。2018 年是短视频行业的监管年，"平台整改""App 下架""网红账号封禁"成为年度关键词。不同于以往的运动式执法，2018年，国家网信办针对网络短视频行业存在的突出问题，开展了一系列专项治理行动，短视频行业的强监管成为常态，短视频领域从"野蛮生长"向"良性发展"转变。2019 年 1 月 4 日，中国网络视听节目服务协会发布《网络短视频平台管理规范》和《网络短视频内容审核标准细则》，两份文件有利于短视频平台主动开展行业自律行动，有助于形成良好的行业生态。[1]

二 短视频下半场发展的机遇

（一）用户规模大，垂直市场潜力巨大

短视频行业的迅速崛起和快速发展，积累了数量庞大的用户规模，庞大的用户规模拥有强大的用户需求，充分挖掘用户需求，针对细分的用户群体，提供个性化、高质量的内容是未来发展的关键。中国互联网络信息中心（CNNIC）发布的《第43次〈中国互联网络发展状况统计报告〉》显示，截至2018年12月，我国网民规模达8.29亿，普及率达59.6%；手机网民规模达8.17亿，网民通过手机接入互联网的比例高达98.6%；各短视频用户规模达6.48亿，用户使用率为78.2%。[2]艾瑞咨询发布的报告称，短视频行业中用户增长红利仍在，未来1~2年，随着用户规模接近"天花板"，用户红利期逐渐结束，但短视频行业存在大量的商业化机会，流量变现将会产生较大的市场规模，预计到2020年短视频市场规模将超过300亿。[3]目前短视频平台上的内容基本上属于泛娱乐化的内容，短视频行业下半场的内容竞争可能会沿着垂直化的方向发展，赛道将会不断细分，针对不同性别、不同年龄、不同兴趣等的用户特征打造的垂直领域内的短视频内容市场将具有巨大的发展潜力。因此，对用户群体进行精准细分，对用户需求进行准确定位，建设垂直领域内容将是发挥用户规模和市场潜力的

---

[1] 中国网络视听节目服务协会：《网络短视频平台规范和内容审核细则发布》，中国网络视听节目服务协会网，2019年1月4日，http://www.cnsa.cn/index.php/infomation/dynamic_details/id/67/type/1.html，最后访问日期：2019年2月25日。

[2] 中国互联网络信息中心：《第43次〈中国互联网络发展状况统计报告〉》，中国互联网络信息中心网，2019年2月28日，http://www.cnnic.net.cn/hlwfzyj/hlwxzbg/hlwtjbg/201902/t20190228_70645.htm，最后访问日期：2019年2月28日。

[3] 艾瑞咨询：《【行业解读】艾瑞：2020年短视频市场规模将超300亿》，网易态度营销，2018年1月4日，http://jiankang.163.com/18/0104/10/D7A3DCNN003880L9.html，最后访问日期：2018年5月18日。

有效举措。

（二）技术创新在短视频下半场发展中扮演重要角色

短视频行业仍然是技术驱动的行业，在短视频行业发展的下半场，技术创新在短视频行业未来发展中仍将扮演重要角色，在短视频拍摄、编辑和传播的各个环节，具有核心技术优势的短视频平台更能吸引用户。4K、VR、AR 等技术的发展对视频内容创作提出了更高的要求。也对带宽、网速提出了更高的要求，5G 网络技术的发展将创建各种丰富的移动场景，快速、流畅的加载速度和随时可连接智能设备的功能，将丰富短视频的应用场景。海量内容的涌现为人工智能技术提供了丰富的大数据应用场景，目前各短视频平台的算法推荐仍处于粗放式推荐的阶段，极易产生信息茧房，推动推荐算法革新，有效识别用户情绪、态度和需求，优化算法模型，使推荐更智能、更人性、更精准，对不同用户进行个性化精准分发是未来发展的关键。

（三）短视频在新闻资讯领域将继续发挥重要作用

基于移动互联网的发展推动短视频成为人们获取信息的重要方式，短视频符合碎片化的阅读场景和高效获取信息的习惯，短视频更符合新生代的媒介使用偏好等原因，李良荣教授认为，短视频将成为未来新闻发布的主要方式。[1] 陆地教授认为新闻已进入读秒时代，提出"短道"（内容直奔主题，有干货）、"速滑"（传播渠道通畅，没有多余环节）、"垂直起飞"（新闻"从天而降"，直达用户）三个关键词。学者们普遍看好短视频与新闻行业的结合。在业界实践层面，中国新闻史学会应用新闻传播学会、中山大学全媒体研究院联合发布的《媒体抖音元年：2018 发展研究报告》显示，2018 年抖音上经过认证的媒体账号超过 1340 个，累计发布短视频超过

---

[1] 李良荣：《短视频将成为未来新闻发布的主要方式》，光明网，2018 年 10 月 10 日，http://economy.gmw.cn/2018-10/10/content_31631135.htm，最后访问日期：2018 年 12 月 25 日。

15 万条，累计播放次数超过 775.6 亿次，累计获赞次数超过 26.3 亿次。[①]
这些丰富的实践表明，短视频在新闻资讯行业具有无限可能。此外，随着
内容生产领域 PGC、MCN 机构的不断增加，专业化、规模化的优质内容将
会不断涌现，动画短视频将成为拓展新闻资讯报道方式的新手段。动画短
视频在新闻可视化等方面给新闻采写带来了新的解决方案，使得新闻能够
以更加立体、形象、直观、清晰的形式呈现出来。作为数据新闻可视化表
现形式的动画短视频必定会大有作为。

（四）微综艺、微剧成为短视频下半场的新赛道

在短视频行业内容创作不断细分、行业消费升级的背景下，用户对同
质化内容产生审美疲劳，利用短视频打造影视产品成为互联网巨头们角力
的新选择，部分机构和平台在微综艺、微剧领域进行了初步探索，涌现出
一批优秀微综艺节目和微剧，取得良好效果。微综艺、微剧在选题、策划、
制作和包装方面，按照目前卫视综艺节目和电视剧制作的要求和标准，走
精品化、差异化、定制化的发展路径，占领受众的碎片化时间。由于内容
更细化、时间更短、互动更频繁，微综艺、微剧在用户和收视方面具备很
大的竞争优势。从市场格局来看，腾讯旗下新款短视频 App "yoo 视频"，
定位于精品原创短视频平台，包括 Vlog 和 Vstory 两大内容形态，Vlog 以源
于生活的个人化纪实内容为主，Vstory 聚焦微剧、微综艺，打造具有完整故
事性的短视频内容，推出了《抱歉了同事》《声声慢》《史密私》《理娱的
朋友们》等作品。爱奇艺推出竖屏网剧《生活对我下手了》，挖掘竖屏内
容，生产专业影视作品。西瓜视频提出"移动原生综艺"的概念，打造首
档移动原生综艺节目"头号任务"，并宣布投入 40 亿在自制综艺上，微综
艺、微剧成为短视频平台的新宠，未来必将迎来新一轮竞争。

---

① 中国新闻史学会应用新闻传播学会、中山大学全媒体研究院：《2018 媒体抖音年度报告：
累计发布短视频超过 15 万条》，站长之家，2019 年 1 月 24 日，http://www.chinaz.com/
sees/2019/0124/986375.shtml，最后访问日期：2019 年 2 月 20 日。

（五）主流媒体、主流舆论的影响力将不断扩大

在万物皆媒的众媒时代，资讯终端视频化成为新的发展趋势，移动短视频成为舆情传播新载体，① 以及网络舆情的标配。短视频具有直观性、表现力强等特点，具有极高的传播力。在短视频发展过程中，主流媒体不能缺席，主流舆论不能缺席，这是网信办多次强调的。因此，主流媒体和主流舆论必须占领短视频这一新兴的舆论阵地，在推动媒体融合发展的过程中以短视频为突破口，弘扬主旋律，传播正能量，营造良好的网络视频空间。2018 年 9 月，国家网信办举办有 36 家商业网络短视频平台参加的网络短视频正能量内容建设座谈会，强调要把弘扬社会主义核心价值观始终贯穿到网络短视频内容的策划、制作、审核、推荐等过程中，积极传播正能量，自觉抵制低俗不良内容，坚决屏蔽违法违规信息。抖音 2018 年度数据报告显示，抖音短视频平台上有 5724 个政务号，发布了 25.8 万条短视频，累计获赞 43 亿次；有 1344 个媒体号，发布了 15.2 万条短视频，累计获赞超 26 亿次。法院、公安警察、文化旅游、交通警察和地方机构是 2018 年度政务号分布较多的领域。人民日报、浙江卫视、人民网、央视新闻、江苏卫视是 2018 年度媒体号粉丝量 TOP 5，人民日报、浙江卫视、人民网、环球网、芒果都市是 2018 年媒体号累计播放量 TOP 5，② 这些数据表明，短视频平台正在成为政务和媒体信息传播的新平台，未来将会有更多的传统政府机构、主流媒体、企事业单位、社会组织等入驻各大短视频平台，"正能量"将成为短视频平台的关键词。

---

① 詹婧：《移动短视频：众媒时代舆情传播的新载体》，新华网，2017 年 8 月 10 日，http：//www.xinhuanet.com//yuqing/2017－08/10/c_129677565.htm，最后访问日期：2019 年 2 月 20 日。
② 刘荻青：《抖音 2018 年度数据报告》，36 氪的朋友们，2019 年 1 月 30 日，https：//36kr.com/p/5175123.html，最后访问日期：2019 年 2 月 20 日。

三　短视频下半场发展面临的挑战

（一）优质内容的生产

短视频下半场依然遵循"内容为王"的行业原则。在短视频平台的内容生产与用户对优质内容的需求之间仍存在很大的缺口，虽然各大短视频平台在发展和运营过程中推出了一些原创高品质内容，但这些内容远不能满足用户的需求。用户在消费升级后需要更优质的内容，而目前短视频内容多以娱乐性为主，多为即兴创作，缺乏创意和新意，缺乏思想性、知识性，且存在严重的同质化现象。因此，通过各种途径激发内容生产者进行优质内容创作，不断提高内容质量，利用优质的内容和良好的用户体验吸引用户，培养用户黏性，增加用户使用时长和使用次数，实现短视频平台和内容创作者的双赢，成为迫在眉睫的需求。

（二）版权保护

版权保护是保持短视频行业健康、持续发展的重要环节，缺乏版权保护意识和行之有效的措施必将影响行业的发展。短视频行业经过几年的探索和发展后，通过政策规制、行业自我约束与规范等多方努力，形成了相关的政策文件、行业规范和中国短视频版权联盟等组织，取得了一定的效果，但由于短视频行业的快速发展，在短视频内容确权、保护和维权过程中存在相关法律法规不适应、证据收集难度大、维权成本高等问题，如何保护内容创作者的合法权益，为创作者提供良好的创作和传播环境是短视频行业长远发展必须要解决的现实问题。

（三）监管问题

短视频不能"短"监管，加强监管是保证行业健康发展的重要条件。从政策层面来讲，中国网络视听节目服务协会发布了《网络短视频内容审核标准细则》《网络短视频平台管理规范》等堪称短视频发展史上最严新规，严格规范了网络视频内容，指导短视频平台审核人员把好内容关和导向关。从技术层面来讲，信息时代的互联网不乏血腥、暴力、低俗等内容，对于文本新闻、图片内容的监管目前已形成了相对比较成熟的模式和系统，采用新闻追踪系统、图片智能识别系统基本能够实现信息识别和监管，但相较于对文本、图像的监管，对短视频内容的监管要求更高，而短视频由于数据量大，承载了"场景＋人物＋动作＋语音"等内容信息，在"视频理解"方面涉及视频结构化分析、目标检测和跟踪、人物识别、动作识别、情感语义分析等与人工智能、深度学习等多领域的发展相关的问题，监管仍存在一定的难度。目前各大短视频平台基本上已经建立了审核专员团队，采取"机器审核"＋"人工审核"模式，采用"每2至4分钟的截图审核""关键帧监察""第三方图片识别"等技术模式进行监管和审核，取得了一定的成效，但仍存在监管难、滞后性等问题。因此，必须加强行业制度建设，规范治理行业乱象，要求短视频平台应加强审核员队伍建设和技术力量，加强用户管理，积极开展自查自纠，并将其常态化。

（四）盈利模式

从盈利的主体来看，主要分为两大类：一是短视频创作者的盈利，二是短视频平台的盈利。短视频创作者的盈利主要体现在平台的补贴和流量分成。短视频平台主要采取广告变现、直播模式、内容营销、电商变现等方式，通过播放符合平台用户属性和调性的广告实现盈利，通过在平台中添加直播模块，通过对短视频的打赏等功能实现变现，以优质内容吸引贴片广告、流量广告、冠名广告或者植入式广告是主要模式。[①] 各大平台纷纷推出了广告变现模式，陌陌推出"陌陌明星"、美拍推出"美拍 M 计划"、哔哩哔哩推出"绿洲计划"，探索短视频变现的方式。有分析称，定制化短视频广告可能会是未来短视频平台的盈利点，但定制化的短视频广告对制作者有很高的要求，普通的短视频创作者如何找到长久、稳定的盈利模式

---

① 汪文斌：《以短见长——国内短视频发展现状及趋势分析》，《电视研究》2017 年第 5 期。

仍是有待探究的问题。

四 结语

传播学大师麦克卢汉曾提出过一个著名的观点："媒介是社会发展的基本动力，也是区分不同社会形态的标志，每一种媒介的产生与运用，宣告我们进入了一个新时代。"[①] 尼尔·波兹曼提出"媒介即隐喻"的思想，一种信息传播的新方式所带来的社会变迁，绝不仅仅是它所传递的内容，其更大的意义在于，它本身定义了某种信息的象征方式、传播速度、信息的来源、传播数量以及信息存在的语境。[②] 短视频是移动互联网时代新的媒介形态，以创作门槛低、形象直观、内容丰富、传播方便、符合用户碎片化消费等特点成为当前信息传播的主要方式，在技术发展、各大平台角力、互联网巨头博弈日趋激烈和资本不断涌入的大背景下，短视频行业一路高歌猛进，行业内优秀的创作团队和爆款内容不断涌现，短视频行业一片繁荣景象，但不容忽视的是在短视频迅速发展和走红的背后，仍然存在诸多需要厘清和规制的问题，短视频行业下半场健康发展的内部驱动力和外部环境仍未健全，用户、内容、平台、市场、监管等多方的博弈仍将继续。

（感谢武汉大学 2019 级研究生周堃璐所做的文字校对工作）

① 〔美〕保罗·莱文森：《数字麦克卢汉——信息化新纪元指南》，何道宽译，社会科学文献出版社，2001，第 12 页。

② 东鸟，梁素娟：《网络创新文化》，《全国新书目》2009 年第 15 期。

英美主流媒体涉鄂报道的内容分析

徐同谦　杨张若然 *

摘　要：　在跨国界、跨文化的传播语境下，区域形象的形成，受到媒介拟态环境的重要影响。本研究聚焦于湖北省的涉外形象与对外传播，旨在为湖北省的对外传播工作提供决策参考，为促进湖北长江经济带的发展营造良好的国际舆论环境，也为其他区域的形象塑造和传播提供借鉴。本文将观察目光投射于国际主流媒体，选取了四家英美主流媒体，对其近五年的涉鄂报道进行了研究，通过内容分析和文本分析的研究方法，对湖北省呈现的对外传播形象进行总结和分析，客观呈现英美主流媒体中湖北省的"他塑形象"，进而提出湖北省区域形象对外传播的策略性建议，为未来湖北省对外传播工作的进一步开展提供思路和建议。

＊　徐同谦，武汉大学新闻与传播学院副教授，研究方向：消费者行为，数字营销传播与品牌管理；杨张若然，武汉大学新闻与传播学院硕士研究生。

关键词：　区域形象　对外传播　湖北形象　英美主流媒体　国际社交
　　　　　媒体

　　区域形象是受众对某一区域所形成的符号化的总体印象和评价。它是
"人们处理和提取地区各种原始数据的结果，对互存联系的区域信息的精
简，以此形成的对区域认知、观念和印象的总和"。[①] 在跨国界和跨文化传
播语境下，因为信息来源相对局限，特定受众对某区域形象的认知，很大
程度上受到媒体报道的影响。学者们对国内国际媒体的区域形象研究也日
益增多，如中国国家形象和国内相对发达的地区和城市的形象研究。

　　湖北省（简称鄂）北承中原，南接湘赣，千年荆楚文化沿着长江与汉
水跨越时光传承至今。2013 年国家"一带一路"倡议提出之后，湖北省出
台了相关指导性文件，深度融入"一带一路"建设，深入参与全球化进程，
湖北的对外形象在对外合作中的重要性日益凸显。然而，纵观国内外的学
术研究成果，有针对性地研究湖北省对外传播的文献极少；国内专门研究
地方区域形象的文献，在研究方法上也主要以宏观、思辨性的研究为主，经
验研究较少；即使有对其他区域的经验的研究，也应考虑地方差异，因地制
宜。因此，研究国际媒体关于湖北的报道，进而解构国际媒体所"塑造"的
湖北形象，对于湖北省对外传播工作中的湖北形象建构，具有现实的意义。

一　研究设计

　　本研究以英国和美国四家主流媒体近五年的涉鄂报道为研究对象，采
用内容分析和文本分析相结合的方法，进行湖北省对外形象的研究。具体
有以下方法。

---

① 〔美〕菲利普·科特勒等：《地方营销》，翁瑾、张惠俊译，上海财经大学出版社，2008，
　　第 131 页。

（一）媒介选择与样本选取

本研究选取在国际传播环境下有较大影响力和话语权的英美主流媒体，考虑到发行量、政治倾向、读者群、媒介风格、议题覆盖的平衡以及涉鄂样本的充足和易获取性，选取了美国的《纽约时报》、美国有线电视新闻网（CNN）和英国的《泰晤士报》《卫报》四家媒体作为样本框。

考虑到研究的时效性，将国际主流媒体样本收集的时间范围划定为2014年1月1日至2018年12月31日，时间跨度为五年。根据样本的易获取性，分别在《纽约时报》、CNN、《卫报》的官网以及EBSCO数据库下的子数据库Newspaper Source上搜索样本，以"湖北""武汉"等所有地级市以及"仙桃"等省辖县级市的英文作为关键词并列进行搜索。经过筛选剔除重复样本、不相关样本以及弱相关性样本，最终获得《纽约时报》样本共162条，CNN样本共102条，《泰晤士报》样本共83条，《卫报》样本共110条，合计共457条样本。

（二）类目建构

根据前人相关研究、本文样本的实际情况以及研究需要，建构了以下类目。

第一，发布时间，即报道实际发布时间。依据本研究选取样本的时间范围，以年份为单位，可分为五年。

第二，篇幅，即报道的字数。分为500个词以下、500～1000个词、1000个词以上、其他（非文字形式）四种类目。

第三，体裁，分为以下6种类目。

（1）消息：对客观事实进行的篇幅不长的报道。由标题、导语、主体、背景等部分构成，强调时效性，不含记者评论，此处也包括快讯。

（2）特写与深度报道：在某一特定事件基础上做较详细的解释性报道，或以描写为主要表现手法，选取新闻事实中某个片段、细节做形象化再现与放大；或系统地反映事件与社会问题，深入挖掘事件的因果，以揭示其实质性意义，追踪和探索其发展趋向。

（3）评论：对某一特定事件，进行带有记者主观态度的分析与说理，包括社论、批评报道。

（4）图片：图片报道，一般由摄影作品呈现。

（5）广告：以硬广或软文的形式向公众宣传某产品或服务。

（6）其他。

第四，报道相关度，即涉鄂程度。本研究根据需要将涉鄂报道与湖北省的关联程度分为两类：一类是与湖北省相关的新闻事件的专门报道，即专门报道；另一类是在报道其他新闻时提及与湖北省相关的内容，即非专门报道。

第五，报道涉及地区。本研究中的报道涉及地区分为15种类目，其中将湖北省作为对象的报道归为一类，将涉及各地级市的报道分别归为一类，将涉及省直辖县级市的报道归为"其他"类目。

第六，议题。根据本研究收集的样本内容，分为经济、政治、国际、社会、灾难、环境、科技、教育、文化、体育十大类目。

第七，情感态度。分为以下3种类目。

（1）正面。报道内容和话语呈现积极、正向的倾向，如赞扬、肯定、推荐等。

（2）中立。报道内容无明显倾向性，多为客观陈述和介绍。

（3）负面。报道内容包含质疑、否定、批判、偏见、贬低、丑化、讽刺、夸大事实等消极负面的用词或基调。

第八，信源。结合本研究样本，分为外国政府、中国政府、外国媒体、中国媒体、外国公众、中国公众、外国企业、中国企业、外国专家、中国专家、外国意见领袖、中国意见领袖、非政府组织、亲历者、文献资料、网络平台16种类目。

（三）编码与分析

本研究利用 Nvivo 和 Excel 软件进行编码与数据分析。首先，将457条样本作为资料来源导入 Nvivo 软件中，并在类目表的基础上，在软件中以"父节点"与"子节点"的形式建立好节点树，将多级类目进行统筹，为之后的编码工作做准备。

其次，在浏览文本的过程中同时进行两部分工作。第一部分，以"篇"为单位，将457条样本按各项报道基本特征和内容特性进行归类，统计其报道发布时间、报道篇幅、报道体裁、报道相关度、报道涉及地区以及报道议题、报道情感态度，同时对文本中可得的410条报道信源进行统计分析。

第二部分，在浏览和阅读文本的过程中，对涉鄂报道文本中叙述和描写湖北省的相关内容进行编码，以总结和归纳内容中呈现的规律，从而勾勒出涉鄂报道中湖北形象的具体呈现。

最后，对在涉鄂报道中叙述和描写湖北省的相关内容用 Nvivo 软件进行编码，以增加"子议题"为新节点的方式总结归纳湖北省各个维度的区域形象，以直观的方式为之后的文本分析写作做准备。

二 英美主流媒体的涉鄂报道状况

本研究以国际主流媒体关于湖北省的新闻报道为研究对象，相关内容统称"涉鄂报道"。本章节从涉鄂报道的各项基本特征和内容特性出发，分别对其呈现状况进行分析和总结。

（一）英美主流媒体涉鄂报道的基本特征

1. 涉鄂报道数量的时间分布

经过筛选得到的有效样本总数为457条，折线图描述了样本数量的年度分布与变化趋势，2014年为104篇，2015年为93篇，2016年为82篇，2017年为80篇，2018年为98篇。（见图1）

从折线图可以看出，五年间涉鄂报道的数量波动不大，平均每年91.4篇；报道数量最多的年份为2014年，共104篇，最少的年份是2017年，共80篇；2014～2017年呈数量递减趋势，2017～2018年数量递增。其中2014年时值武汉网球公开赛首次举办，网球运动员李娜在家乡武汉主场宣布退役，该年度对于体育议题的报道数量较多；2015年"东方之星"事件在荆州监利长江段的突发，使该年度灾难议题的报道数量达到顶峰；2018年时

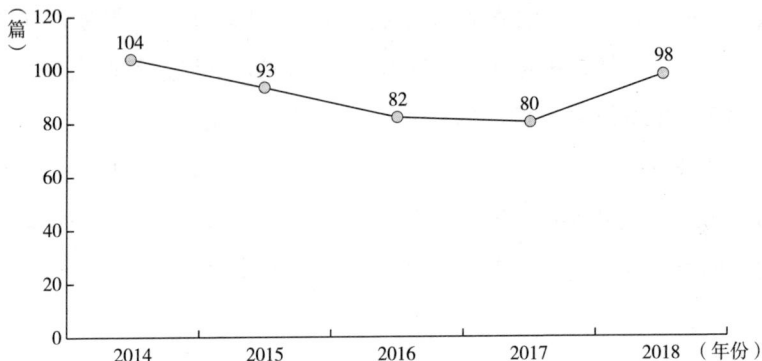

图1　涉鄂报道数量年度分布折线图

任英国首相特蕾莎·梅和印度总理莫迪先后访问武汉，是该年度国际和外交类议题达到顶峰的原因之一。报道数量的波动与该年度湖北省范围内是否发生吸引全球目光的重大新闻事件有一定关系。

2. 涉鄂报道的体裁

在报道体裁方面，数量主要集中在消息、特写与深度报道、图片类，依次为165篇（占比36%）、154篇（占比34%）、100篇（占比22%），评论、广告及其他体裁的数量较少，分别仅有14篇（占比3%）、12篇（占比3%）、12篇（占比3%）。（见图2）

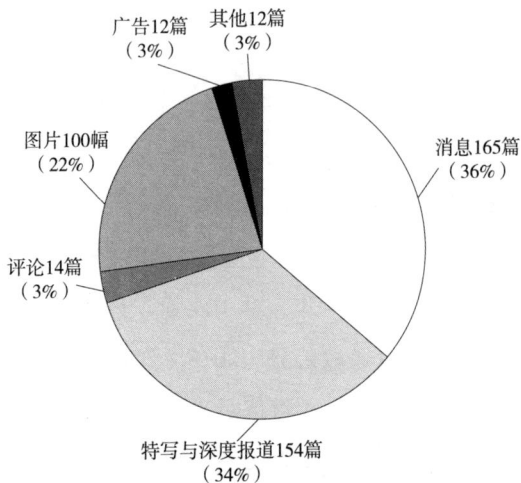

图2　报道体裁数量分布

交叉分析能够更好地呈现体裁与议题之间的关系。在分布数量较多的几种体裁中，消息类体裁多用于报道社会、体育类等需要迅速发布事件概况的新闻，特写与深度报道多用于社会、文化、经济类等有调查与深挖价值的议题，图片报道多用于环境、社会、文化等可以生动展现区域外在形象与风貌的议题。（见表1）

表1　报道体裁与议题交叉分析

单位：篇，幅

议题＼体裁	经济	政治	国际	社会	灾难	环境	科技	教育	文化	体育
消息	18	10	13	44	12	13	4	5	12	34
特写与深度报道	27	16	16	30	12	8	6	4	27	8
评论	0	2	4	4	0	1	0	1	2	0
图片	7	2	1	22	7	27	0	4	22	8
广告	1	0	0	0	0	0	1	0	10	0
其他	3	0	0	3	1	0	0	1	4	0

3. 涉鄂报道的涉及地区

在所有涉鄂报道的样本中，有针对每个地级市的报道，也有对湖北省直辖的县级市（潜江市、仙桃市、神农架林区等）的报道（此情况均归类为"其他"），还有对整个湖北省的报道或文本中只提及至湖北省一级的行政区划（未能获知所报道事件在省级以下的具体发生地），此类情况均编码为"湖北"。（见图3）

从柱状图中可直观地看出，对武汉的报道篇数最多，有267篇，占总篇数的一半以上（占比58.4%），体现了省会城市的巨大优势和国际知名度，也侧面反映出省域内发展水平存在参差不齐、一家独大的问题。其次是湖北（62篇，占比13.6%），体现湖北省作为一个区域整体在国际传播中具有一定关注度。在其他各地级市中，报道数量较多的有荆州（33篇）、宜昌（26篇）、恩施（13篇）、十堰（13篇）。其余各省辖县级市中，神农架林区就有16篇，潜江市和仙桃市各1篇。各地级、县级单位存在的报道数量差异，一方面可以看作各地发展水平和开放程度的差异，另一方面是受重大新闻事件的影响。（见图4）

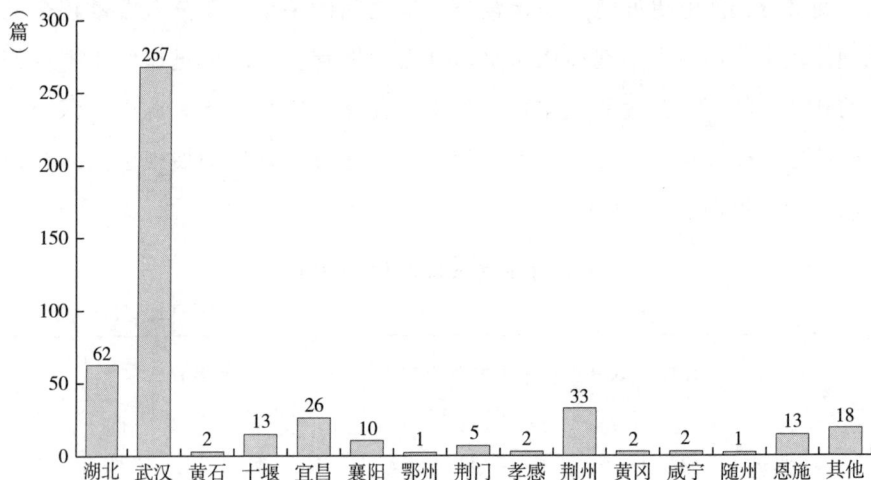

图3 涉及地区报道的数量

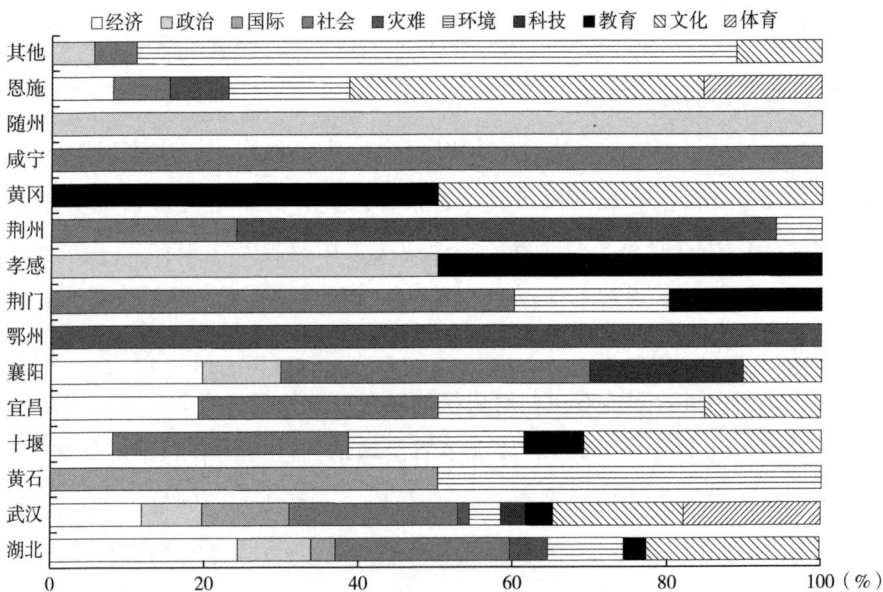

图4 报道涉及地区与议题交叉分析

结合图表可以看出，在涉及荆州市的33篇报道数量中，近70%是由灾难议题，2015年"东方之星"事件作为有一定影响力的突发灾难性事件引起外媒关注，增加了荆州市在对外传播中的曝光度。宜昌市较多被报道的原因有环境问题，在英美主流媒体看来这里是公共卫生事件、社会冲突、突发事故发生地，是三峡大坝所在地，具有丰富的旅游资源等。恩施市作为恩施土家族苗族自治州首府和神农架林区同样由于丰富的旅游与生态资源得到外媒的关注。其他地市则被外媒报道较少。

武汉市作为湖北省省会和中国特大城市之一，在省域乃至全国范围内都具有一定知名度与影响力，通过对收集的样本进行分析，发现武汉市的社会、体育、文化领域得到了外媒较多的关注。

（二）英美主流媒体涉鄂报道的内容特性

1. 涉鄂报道的议题分布

通过对样本进行文本分析，可将报道议题分为十大类。从图5可看出，社会类议题的报道数量居首位，共有103篇，占样本总数的23%；文化议题的报道数量位居其后，共有77篇，占比17%；经济议题的报道数量居第三位，共有56篇，占比12%；居第四、第五位的是体育类与环境类议题，分别是50篇和49篇，分别占比11%；国际类、灾难类、政治类议题报道数量均达到了30篇，均占比约7%；数量最少的是教育类与科技类议题，分别仅有15篇和11篇，占比分别为3%和2%。

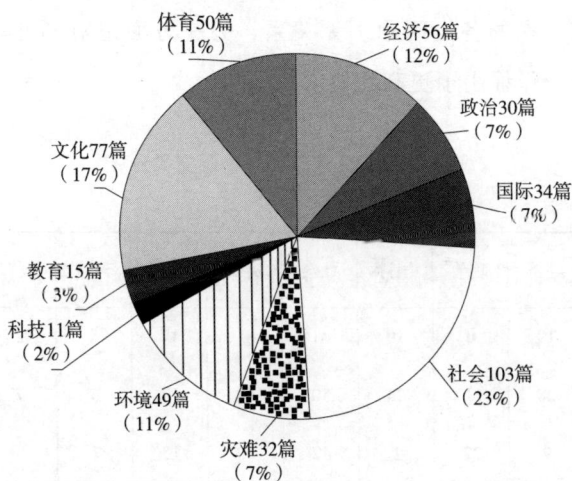

图5 报道议题数量分布

2. 涉鄂报道的情感态度

总体而言，涉鄂报道样本的情感态度有接近一半为中立倾向的，为215篇，占比47%；有正面倾向与负面倾向的数量相同，均为121篇，分别占比26.5%。（见图6）

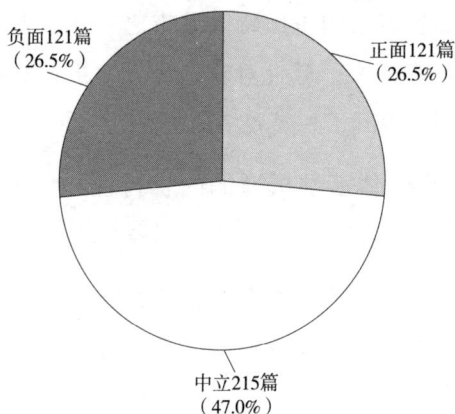

图6　报道情感态度数量分布

大部分英美主流媒体的涉鄂报道是在遵循客观新闻事实的基础上，对湖北省的各个领域进行解读，呈现的中立态度居多。但由于意识形态、价值判断与选择的差异，一部分涉鄂报道会呈现较为负面的倾向，这一方面与湖北省真实存在的各类问题不无关系，另一方面也对湖北省的跨文化交流与对外传播工作提出了更高的要求。

表2　报道情感态度与议题交叉分析

单位：篇

情感态度＼议题	经济	政治	国际	社会	灾难	环境	科技	教育	文化	体育
正面	19	0	10	11	0	17	5	2	42	15
中立	28	8	23	50	12	17	5	7	30	35
负面	9	22	1	42	20	15	1	6	5	0

如表2所示，对于不同类型的议题，外媒报道的倾向性有所不同。在经

济类议题的报道中，半数采取中立倾向（占比50%），同时在一定程度肯定了湖北省的经济发展，正面报道占比34%；对于国际类议题，中立报道也较多（占比67.6%），同时也有29%的报道肯定了湖北省的对外交流工作；体育报道大多介绍在湖北举办的赛事，中立倾向的报道较多（占比70%），正面报道占比30%，无负面报道，体现了湖北省在体育领域取得的成就。在环境类议题中，正面、负面、中立倾向的报道占比较为均衡，关于湖北省生态资源的报道呈现正面和中立两种倾向，对环境污染问题的批评报道不少。在教育类报道中，中立报道和负面报道较多，体现教育领域存在的一些问题，针对这些问题外媒以客观加批判的态度进行了报道。

对于文化、科技等体现区域软实力的议题，报道通常呈现较为正面的倾向，一方面是湖北省文化软实力较强的印证，另一方面体现了西方媒体对中国地方的关注点在于软实力的部分。科技议题中正面报道和中立报道参半，无负面报道，体现湖北省科技领域有一定的进步与发展，但我们也不能骄傲自大，需要继续发展。文化类议题中正面报道占比55%，中立报道占比39%，负面报道占比6%，较为广泛地报道了湖北省多彩的文化现象与丰富的资源。

对社会、政治、灾难几大议题的情感态度多倾向于批判与否定，例如对公共卫生事件、灾难事故的报道，大部分都会对政府监管不力、媒体消息单一等问题以及中国公众的抱怨与吐槽进行一定篇幅的渲染与评价；又如在对"人权"问题、意识形态工作的报道中，通过对少数极端行为的报道，呈现中国对言论"管控严格"的社会氛围。

3. 涉鄂报道的信源

对收集文本进行分析之后整理出410条可得信源，其中具体的数量与占比由高到低排列分别是：中国媒体（111条，27.1%）、亲历者（102条，24.9%）、中国政府（55条，13.4%）、中国公众（26条，6.3%）、中国专家（23条，5.6%）、外国媒体（20条，4.9%）、外国专家（18条，4.4%）、非政府组织（12条，2.9%）、中国意见领袖和外国企业（均为8条，分别为2%）、中国企业与文献资料（均为6条，分别为1.5%）、外国政府（5条，1.2%）、外国意见领袖与网络平台（均为4条，分别为1%）、外国公众（2条，0.5%）。

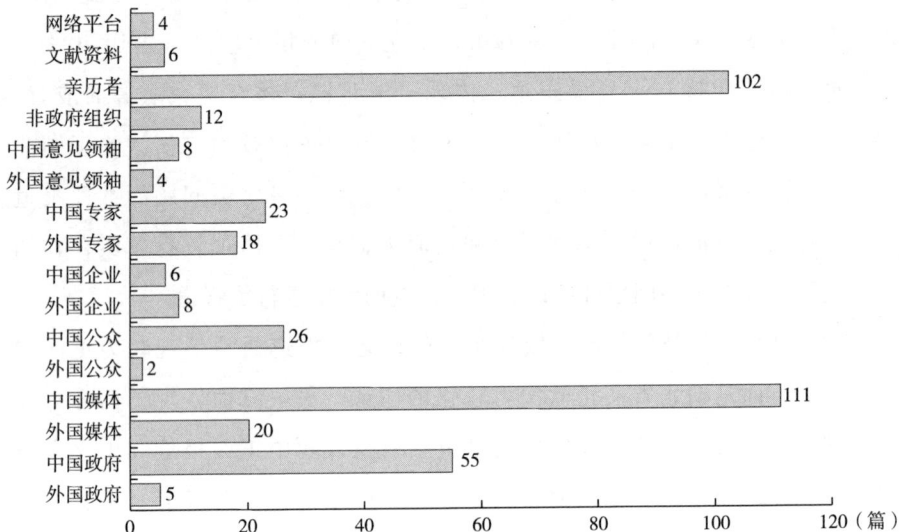

图7　报道信源数量分布

从条形图（见图7）中可直观地看出，其中占比排在前三名的信源数量较多地超越了其他信源，分别是中国媒体、亲历者和中国政府。英美主流媒体在报道湖北的相关新闻时，通常在中国媒体和政府处获得信息，同时喜欢通过采访或社交平台获得事件相关亲历者的信息与评价。

其中从中国媒体处引用的信息分别来自中央级媒体、地方媒体、市场化媒体等，经统计分别占比约75%、19%和4%，说明中央媒体在外媒涉鄂报道中占有较大的话语权，同时地方媒体即湖北省和地市级媒体作为补充，构成外媒信息来源的一大部分。较少引用市场化媒体信息，一方面是由于我国中部地区缺乏优秀的市场化媒体；另一方面也说明湖北省近五年内未能发生太多引起全国市场化媒体报道的新闻事件，针对个别重大事件，往往由几家官方指定的中央媒体统一报道，外媒较多进行引用，其他媒体则缺乏一定话语权。

对事件亲历者进行采访是外媒采用较多的报道方法之一，一方面，由于如今网络和社交平台的发展，追踪到与事件相关的个人并非难事；另一方面，也与西方所谓新闻专业主义追求客观真实的价值导向有关。例如针对"东方之星"事件的报道，几乎所有报道样本都采用了大量对事件亲历者的采访，如生还者、目击者、受害者家属、救援人员、医护人员、地方官员等。

中国政府作为官方发声渠道，其信息代表官方统一口径，会被外媒大量引用，本文将官方信息分为中央政府的与地方政府的，经统计占比分别为47%和53%，比例大致相近。在引用央媒信息时，外媒往往会一再强调其官方国营属性，一定程度体现了外媒对中国新闻规范下信源的真实性和客观性存在质疑。

除此之外，中国公众作为反映社会的重要信源，分为直接采访素材和社交平台发言两类，也得到了一定程度的引用，占比分别为58%和42%。我国的社交平台早已成为外媒记者获取新闻线索的重要平台，可见借助互联网平台发展民间传播，是区域对外传播工作的一个绝佳突破口。

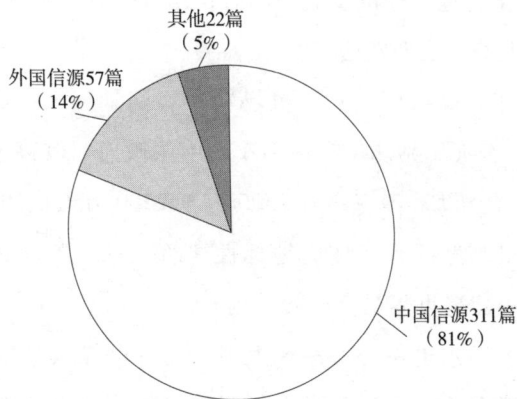

图8　中外信源数量分布

将中国信源与外国信源分别统计、对比可得出的结论是，在英美主流媒体涉鄂报道中，中国信源占据了绝对优势。（见图8）一方面由于中国地方性新闻信息来源在国外不易获取；另一方面也折射出湖北省和各地市的开放程度，但同时也印证了中国信源在外媒涉鄂报道中的话语权。平衡对外开放和区域形象建构中的主动权，是未来面临的问题之一。

三 英美主流媒体报道中的湖北形象

英美媒体报道中的湖北形象，其本质是一种媒介拟态环境，影响受众对湖北的认知、态度和总体评价，是媒体对特定地区的"他塑形象"。参考其他学者对于区域形象构成维度的研究成果，本文在对涉鄂报道进行文本分析的基础上，从经济、政治、社会和文化四个层面对湖北的"他塑形象"进行分析，考虑篇幅因素，仅呈现文本分析所得出的湖北形象归纳。

（一）经济形象

经济议题的报道数量位居各类报道的第三位，共56篇，占比12%，其中以正面和中性报道为主，负面报道仅占9篇。以武汉市为缩影，湖北被认为是基础设施良好、工业发达的地区；新经济得以布局，但仍在产业链的下游；参与全球化进程，经济发展的同时，也承受着全球化的冲击。

1. 基础设施良好，工业发达

地处交通枢纽，高铁网发达，机场输送客流量巨大。例如湖北省的高铁，"在武汉的一个火车站测试高速列车，中国政府对其高速铁路网进行了大量投资"。武汉的机场，"每年有1500万至2500万人次的乘客"。省会武汉计划修建世界最高摩天大楼作为地标性建筑，一位英国建筑师公布了在中国中部城市武汉建造世界最高楼的计划。

拥有世界最大的水电站——三峡大坝。拥有世界级高度与建造技术的悬索桥——四渡河大桥，作为世界上最高的吊桥，它以惊人的高度与精妙的建造技术，"2009年以来撼动着跨中国通勤者的心。"

武汉被描绘为交通便利、有着千万人口、劳动力廉价且教育程度良好、以垄断中国汽车制造业为目标的湖北省省会城市。同时它还是钢铁工业发达的城市，"武钢"被报道为中国乃至世界的钢铁巨头，在世界十大钢铁制造商的榜单上占据一席之地。东风汽车公司将汽车工业作为重点优势产业，为地方经济做出了巨大贡献。

2. 新经济得到布局，但仍有大量低端制造业存在

工业方面提及与外资合作发展新能源汽车。"雷诺－日产表示，它与中国东风汽车公司新创立的合资企业易捷特（eGT）将设计一款新型电动汽车，并在中国十堰市东风公司的工厂内投产"。① 沃尔玛入局新零售，联手京东为武汉消费者提供快捷送货服务。太阳能电池行业受国家政策的巨大冲击，武汉太阳能公司也受到波及。《纽约时报》2017 年报道了武汉光生伏特技术有限公司四年前靠太阳能起家，在国家削减补贴政策之后受到巨大冲击的故事。

2018 年《卫报》的一篇报道称："每周，大约有 30 列中国火车到达杜伊斯堡内陆港口的一个巨大的终点站，集装箱里装满了重庆、武汉或义乌生产的衣服。"由此可见，湖北省在经济全球化中得到一定发展的同时，仍旧在全球经济链条中从事着低端制造业，提供着廉价劳动力，在一定程度上处于产业链的底端。

3. 参与经济全球化进程

引进外资和海外拓展并行。2017 年，通用汽车第二家十亿美元级工厂在武汉开工。湖北鑫炎股权投资合伙企业以 5.8 亿美元收购美国半导体公司 Xcerra Corporation 的计划被美国官员阻止。2014 年，东风汽车集团有限公司收购标致雪铁龙集团股份，向海外市场迈出一大步。

4. 经济和就业市场动荡

消费攀升，物价波动。《纽约时报》报道了中国信贷扩张催生的投资泡沫，鸡蛋期价飙升，对湖北一家生产鸡蛋的企业造成了影响。武汉存在房屋供过于求和房价过高的问题：一是供过于求，"房地产供过于求是中国经济最大的拖累之一"，"武汉的官方报纸《长江日报》将空房的销售任务比作'一场歼灭战'"；二是过高的房价令年轻人难以承受。

传统行业劳动力失业。由于产业的整合升级，武汉有的钢铁工人下岗。CNN 报道，有的失业工人成为网约车司机。

---

① China's Electric Car Push Lures Global Auto Giants, Pespite Risks [N], *The New York Times*, sep. 15, 2017 (B4).

（二）政治形象

在涉及政治形象的报道方面，英美主流媒体明显受到西方意识形态的操控或影响，主题往往呈现预设的倾向。30 篇报道中有 22 篇是负面报道，其余 8 篇为中立报道，中立报道主要集中于外交活动。在报道事件本身时，这些媒体看似采用了客观性的立场，其实从真实性来看，未必经得起考证，从议题设置到文本本身，明显呈现操控性或倾向性。

1. 武汉是湖北的外交窗口

武汉是重大外交事件发生地，具有工业发达、高等教育完善、有历史文化底蕴的城市形象。2018 年初，武汉市是英国时任首相特蕾莎·梅访问中国的首站城市，《纽约时报》将武汉介绍为"长江边的工业城市"，《卫报》则将武汉介绍为"中国最大的大学城""世界上所有城市中学生人数最多的城市""历史名城"。2018 年 4 月，武汉作为习近平主席与印度总理莫迪会面的城市，再次受到国际媒体的关注，CNN 将两位领导人在武汉的会晤描绘成"他们在很大程度上放松，穿过树林，喝茶，一起乘船"，并提到武汉被称为"中国最古老的文物之乡"，还介绍了两位领导人共同参观湖北省博物馆。武汉市与英国王室举办外交活动，强化双方的友好关系。

2. 存在官员腐败和机构臃肿现象

关于反腐问题，《纽约时报》报道了湖北省军区原副司令员兰伟杰因犯受贿罪、巨额财产来源不明罪和非法持有枪支、弹药罪被判无期徒刑的事件，以及湖北省孝感市人大常委会原主任李海华跳楼自杀事件。2014 年我国精简机构改革正在进行，湖北省由于"一个管理风景名胜区的部门名字有 60 多个汉字"被外媒报道提及，暴露了湖北地方机构臃肿的现象。

3. "人权" 和意识形态等敏感问题受到关注

英美主流媒体对它们眼中的"人权"和"民主"等问题进行报道，这些报道多倾向于负面。

（三）社会形象

社会类议题的报道数量居首位，共有 103 篇，其中正面报道有 11 篇，约占此类报道数量的 9%。关于社会形象的报道，明显呈现一种"伪平衡"的特征。

一方面，在议程设置上预设倾向明显；另一方面，将社会民生和政治、"言论自由"、"人权"、环境等问题联系起来，呈现不平衡的特征。尽管其信源多来自我国国内报道和官方媒体，但却"漏掉正面、呈现负面""貌似平衡、实则伪平衡"。此外，报道中的评论性内容或者文本，呈现出明显的倾向性，使得形象被丑化，给人以负面的联想。

相关报道中呈现的社会形象包括以下几个维度。

1. 城市化进程中的进步与问题

我国的五年计划将武汉市设为 20 个城市化中心之一，以便通过中心辐射模式加速移民的合法住房登记。城市化建设中发展与问题并存。通过承接产业转移的工厂，湖北部分城市得到一定发展，"工厂纷纷从沿海地区迁往内陆。随着低端制造业向劳动力成本更低的城市转移，如今拥有 100 多万人口的襄阳和衡阳正在不断壮大"。然而，仍旧存在一些发展较为滞后的农村。以洪湖市为例，报道通过居民的视角讲述对家乡城市化进程的复杂感受。有些报道讲述了城市建设带来的交通与治理问题，以及武汉严重的城市内涝问题与存在的争议。

2. 存在各类环境问题

如水资源出现危机，水污染严重，南水北调带来环保问题，移民政策引发争议。

3. 教育领域的问题与呈现

4. 社会安全问题

如公共卫生事件与医疗问题，不同群体之间的冲突性事件，形形色色的治安事件等。

5. 对各类群体进行报道

包括同性恋群体、农村居民、乞讨者、女性群体、知名人物等。其中知名人物形象良好。来自湖北农村的厨师 Peter Zhang，曾被国家派往中国驻美国大使馆担任厨师，因厨艺精湛在美国拥有一批狂热的粉丝。对艺术家曾梵志的报道展现了他从一个贫穷的学生成长为艺术家的过程。对诗人余秀华的报道描述了她从一个来自荆门农村的普通妇女成长为著名诗人的过程。

6. 社会生活轻松奇趣

相关报道主要包括表现和谐稳定的休闲生活、冬夏的极端天气、特殊行业满足市场需求的事例、各种奇闻轶趣。如《泰晤士报》通过对中国各地不同歌唱风格的总结概括各地百姓的个性特征，"根据中国的卡拉OK习惯绘制中国地图，揭示了东北地区的麦克风霸占主义、鄂中地区的炫耀主义和湘南男人喜欢像女孩一样唱歌的秘密"。

（四）文化形象

在文本分析过程中，我们将文化、科技、体育、教育类别的报道归纳在一起，共计202篇，其中情感态度为负面的仅有12篇，且以教育和文化类别的报道为主。这些报道所反映的内容如下。

1. 风景优美，自然与生态资源多样，旅游资源优越

湖北省境内植物、珍稀动物、矿产资源丰富。湖北神农架是"中国中部最大的原始森林林区，也是金丝猴、中国大蝾螈、云豹、亚洲黑熊和其他珍稀动物的栖息地"，武汉中科院水生生物研究所的江豚十分珍稀。被旅游资源相关报道提及的有宜昌春季的油菜花田、蕲春县乌云山梯田、三峡大坝夜景、武汉大学樱花、武当山的道教和功夫、宣恩县的茶园观光、涨渡湖湿地避暑、恩施大峡谷的"一炷香"景点、神农架林区等。

2. 体育运动活跃

网球运动已成为武汉的一大标签，体育运动形式丰富多样，例如赛艇比赛、恩施的山地自行车比赛、武汉的年度赛马会等。

3. 科技成果得到应用

开发AI汽车，利用面部识别技术惩罚闯红灯的行人，华为与武汉大学GeoStar合作建立时空信息云平台，武汉举行无人机空中秀，武汉市警察利用一种"电波枪"击落不明无人机。通过相关报道可以看到科技已被运用

于社会管理和执法的过程中，高科技产品的开发与市场投放也在逐渐地深入。

4. 跨文化交流的进步和存在的争议

武汉大学和俄亥俄州州立大学合作建立美国主题展示学习区，吸引中国学生了解美国文化。湖北省博物馆将非洲人和动物照片并列展出，被批评为"种族歧视"，"在引起非洲人的抱怨后，展览最终被取消"。

5. 历史、习俗、美食与艺术

相关报道对湖北的描绘是历史文化悠久、节日与习俗别具特色、美食别具风味、艺术形式丰富多彩。

四　思考与启示

通过上述分析，不难发现湖北省的对外传播形象，在英美主流媒体中呈现复杂性和多元性的特点。这种形象在四大维度有不同的表达。第一，政治方面，武汉作为对外开放的窗口，外交事件给城市带来较大的曝光度，呈现城市的国际化形象；而在"民主"层面则反映出"人权""言论自由"受到"管制"等负面形象。第二，经济形象整体良好，重点城市、知名企业和地标建筑发挥了名片作用。第三，社会形象呈现多元化、复杂化的特征，暴露的社会问题较多。第四，文化形象中负面报道较少，整体形象良好。

如前所述，英美主流媒体报道中的湖北形象呈现的是一种"他塑形象"，这一形象并不能反映其全貌和真实性，其原因有报道对象的因素，也有西方意识形态的操控和影响。我们需要认识到的是，作为西方社会了解湖北的信息窗口，英美主流媒体的报道对湖北形象的对外传播有着不可忽视的影响。上述报道尽管不能作为湖北省对外传播工作决策的依据，但应该作为决策考量因素之一。湖北省的对外传播工作，应该根据我们的传播目标，立足可控因素，考虑权变情况，有针对性地进行对外传播策略的优化。这种优化可从传播主体、传播渠道、传播管理三个方面展开。针对已形成的区域负面形象，特别需要在反思现状的基础上做到科学理性应对。

（一）传播主体：官方传播与民间传播并重

在全球化背景下，随着互联网与新媒体的发展，国家对对外传播的掌控程度，其实是在降低。政府官方应发挥对对外传播的引导与把关作用，通过政府机构和官方媒体平台把握区域形象的整体定位与舆论引导。在进行官方传播的同时，也应该重视与发挥民间传播的作用。民间传播的主体包括跨国公司、意见领袖、专家学者、非政府组织、华侨、留学生、游客等。

湖北省，特别是武汉市，汇集了众多跨国公司。截至 2018 年年底，世界 500 强企业中已有 265 家在武汉投资，这些跨国公司及本省有对外经贸联系的企业，都是湖北省对外形象的传播窗口。此外，湖北省是科教大省，武汉市是全国人才集中的城市，众多的科研院所及涉外合作单位，都是重要的民间外交主体。武汉高校的留学生、游客等，往往成为重要的信源，他们通过自身对湖北的体验，将其经验与感受通过口口相传、社交平台传播给外国受众。湖北省更应秉持着开放包容的姿态和热情友好的态度，对待这些特殊群体。

（二）传播渠道：传统渠道与新媒体并重

1. 继续发挥传统渠道的作用

首先，继续发挥传统媒体的作用，特别要重视"软项目"的文化输出。可以选择合适的媒体进行广告投放或软性宣传，向受众展现湖北省的独特魅力；还可尝试与作家、出版社、影视或娱乐公司合作，打造与湖北省相关的文学作品、影视作品、音乐作品以及综艺节目。其次，重视事件的策划和宣传。由于湖北省远离国家政治中心，政治曝光机会相对较少，可以考虑积极参与或申办相关活动，例如国际性的会议、会展、商贸合作、体育赛事、文化交流论坛、生态环境保护论坛等，争取形成常设的城市形象品牌建设活动，借此提升湖北省的国际知名度。事实也证明，在武汉举办的武汉网球公开赛、武汉马拉松比赛、世界军人运动会等国际赛事，大大提高了武汉的国际知名度。

2. 利用好新兴渠道使湖北形象得到广泛传播

首先，借助新媒体平台使湖北形象得到广泛传播。社交媒体作为人们获取信息、交流分享的重要渠道，在全世界都拥有巨大的影响力，因此，可在国内外知名的社交平台，如微博、微信公众号、脸书、推特等平台上建立和维护湖北省的官方账号，通过每天发布内容、与网友互动等方式塑造和传播区域形象。其次，可以借助事件营销树立良好的区域形象。与专业机构合作，策划具有新闻价值、社会影响力、名人效应的活动，吸引媒体和社会各界的关注，从而快速提升湖北省的知名度、美誉度，使得湖北形象更加多层次、立体化。生动有趣的活动形式还能吸引年轻人的关注，通过参与式互动使群众自发地在社交平台上进行分享和传播。

（三）传播管理常态化，科学化应对负面信息

在对外传播的日常管理方面，构建常态化的对外传播监测与应对机制。培养、建立相关领域的专家组和专业队伍，以项目或课题的形式加强相关领域的研究，有针对性地为湖北省定制对外传播的策略方案。重视民间外交和社交平台的力量，通过培养一批优质信源作为发声渠道，实现自我传达。

对一些负面信息，需要理性看待、科学处理。

首先，针对外媒中的负面报道，需要摆正心态，理性看待。根据本研究对湖北省近五年在英美主流媒体报道中的"他塑形象"分析，可以发现，区域形象在对外传播中呈现的负面形象各有差异，部分负面报道是对现实情况的映射，还有部分负面报道是意识形态和文化差异、西方媒体的价值判断、商业机制、西方新闻记者的从业理念和刻板成见、国家利益的博弈，以及有关机构对负面事件应对不力引发外媒质疑等而造成的。针对不同情况，有关机构在制定对外传播策略时需要区别对待，切勿小题大做、自乱阵脚，在对外交流的过程中加深互信，循序渐进地推进对外传播工作。

其次，对于已存在的负面报道和负面形象，需要具体问题具体分析。对于实际存在的问题或不可控因素，例如产业发展中的不足、城镇化建设中出现的问题、社会安全事件的频发、环境污染问题、教育问题等，要勇于正视，积极改进。区域形象的塑造非一日之功，需要我们摆正心态、稳步推进。在对外传播工作中也可以采取一定的策略性举措，以正面形象为重点，在结合实际行动的基础上对负面形象进行改善。例如针对负面的环境形象，可以对湖北省环境治理举措与成果进行传播；针对官员的腐败问题，可通过对反腐倡廉工作成果的传播改善外媒先前的固有印象，并根据改善负面形象的不同需要选择传播内容的重点。

还可以通过"偶像营销"转变区域负面形象，选取能够代表湖北省精神气质的名人，通过对其事迹进行宣传，转变人们过去对湖北省的负面印象。例如网球运动员李娜，作为国际知名的网球健将，她精湛的球技、"火暴"的个性、自主创业的精神以及对体育事业做出的贡献，都在国际上获得了广泛的好评，她的优秀形象有利于改变人们对湖北人的负面印象。

最后，及时畅通发声渠道。在对涉鄂报道进行分析时，可以发现外媒记者对于相关信息不公开或公开不及时的现象诟病很多，因此而造成的误解与负面报道也不少。对于这种情况，在对外传播工作中相关部门应注重信息公开渠道的建立与健全，及时畅通相关发声渠道，为对外传播提供更便捷高效的通道。

参考文献

［1］程曼丽：《讲好中国故事的传播战略》，《对外传播》2017 年第 8 期，第 12～13 页。

［2］单波、林莉：《2014－2015 年中国跨文化传播研究评析》，《对外传播》2016 年第 1 期。

［3］丁柏铨：《时代变迁与中国对外传播理论和实践的发展》，《中国地质大学学报（社会科学版）》2011 年 11 期，第 96～103 页。

［4］董军：《提升国家形象建构的"自塑"能力》，《社会科学报》2012年2月23日，第6版。

［5］〔美〕菲利普·科特勒：《地方营销》，翁瑾、张惠俊译，上海财经出版社，2008。

［6］何国平：《城市形象传播：框架与策略》，《现代传播（中国传媒大学学报）》2010年第8期，第13~17页。

［7］胡正荣：《国际传播的三个关键：全媒体·一国一策·精准化》，《对外传播》2017年第8期，第10~11页。

［8］蒋廉雄、朱辉煌、卢泰宏：《区域形象的概念分析及其营销框架》，《中山大学学报（社会科学版）》2006年第5期，第111~143页。

［9］匡文波、任天浩：《国家形象分析的理论模型研究——基于文化、利益、媒体三重透镜偏曲下的影像投射》，《国际新闻界》2013年第35期，第92~101页。

［10］刘柯兰、阳玉明：《全球传播时代的湖北形象塑造》，《湖北大学学报（哲学社会科学版）》2007年第5期，第111~114页。

［11］〔美〕刘易斯·芒福德：《城市发展史：起源，演变和前景》，宋俊岭、倪文彦译，中国建筑工业出版社，2008。

［12］〔美〕罗伯特·福特纳：《国际传播：全球都市的历史、冲突及控制》，刘利群译，华夏出版社，2000，第5~6页。

［13］罗治英：《DIS：区域形象论》，中央编译出版社，1997。

［14］沈苏儒：《对外传播的理论与实践》，五洲传播出版社，2004。

［15］隋岩：《国际传播的软实力及媒介外交功能》，《当代传播》2012年第1期，第31~32页。

［16］唐润华、刘滢：《重点突破：中国媒体国际传播的战略选择》，《南京社会科学》2011年第12期，第105~111页。

［17］王宏俐、闫开伦：《涉华舆情研究述评——对2008-2017年间国内文献的分析与反思》，《情报杂志》2018年第37期，第82~87页。

［18］王龙、刘梦琳：《区域形象测量内容的研究综述》，《城市发展研究》2012年第19期，第24~28页。

［19］夏菲、王俊：《外宣报道新视角——让湖北走进在本地的外国人心灵》，《新闻前哨》2012年第12期，第77页。

［20］姚宜：《城市国际形象对外传播的策略创新》，《新闻知识》2013年第7期。

［21］叶皓：《公共外交与国际传播》，《现代传播（中国传媒大学学报）》2012 年第 6 期，第 12 页。

［22］喻国明：《构建国际传播的基本理念》，《新闻与写作》2013 年第 10 期，第89～90 页。

［23］张古维：《打造文化"走出去"的湖北样本——荆楚文化丝路行活动体会与思考》，《对外传播》2017 年第 12 期，第 65～66 页。

［24］钟新、令倩：《全民外交：中国对外传播主体的多元化趋势》，《对外传播》2018 年第 9 期，第 7～9 页。

［25］Andrea L. , Unraveling the Complexity of "City Brand Equity": a Three - dimensional Framework. *Journal of Place Management and Development*, 2012, 5（3）.

［26］Former R. S. , *International Communication*：*History*, *Conflict*, *and Control of the Global Metropolis*, 1993.

［27］Hamid Mowlana, *Global Information and World Communication*：*New Frontiers in International Relations.* New York：Longman, 1986, p. 11.

［28］Hankinson G. , Place Branding Theory: A Cross Domain Literature Review from a Marketing Perspective. In：G. Ashworth and M. Kavaratzis（eds. ）. *Towards Effective Place Branding Management*：*Branding European Cities and Regions.* The United Kingdom：Edward Elgar Publishing, 2010, pp. 15 - 35.

［29］Keller K. L. , *Strategy Brand Management*, 2003.

［30］Kotler P. , Gertner D. , Country As Brand Product, and Beyond：A Place Marketing and Brand Management Perspective, *The Journal of Brand Management*, 2002（4）：pp. 249 - 261.

［31］Lee S. , Understanding and Measuring City Brand Personality, *International Journal of Tourism Sciences*, 2011, p. 11（3）.

［32］Mihalis Kavaratzis, Place Branding：A Review of Trends and Conceptual Models, *The Marketing Review*, 2005（5）：pp. 329 - 342.

［33］Papadopoulos N. , Heslop L. , Country Equity and Country Branding：Problems and Prospects, *The Journal of Brand Management*, 2002, 9（4）：pp. 294 - 314.

［34］Schramm W. , *Mass Media and National Development*：*The Role of Information in the Developing Countries*, Paolo Alto, CA：Stanford University Press.

［35］ Simon Anholt， *Competitive Identity*： *The New Brand Management for Nations*， *Cities and Regions*， *New York*： *Macmillan*， 2007.

（感谢武汉大学 2019 级研究生周堃璐所做的文字校对工作）

从世界书局到《中美日报》：
朱生豪的交往生活对其职业认同的影响

欧阳敏[*]

摘　要： 朱生豪以翻译莎士比亚戏剧出名，他的译本堪称经典。朱生豪的人生历程不长，世界书局和中美日报社是他主要的职业平台，他的译莎活动贯穿其中。朱生豪的性格极度内敛，所交往的对象仅限于陆高谊、詹文浒等少数几位与他有学缘或地缘关系的新闻出版界人士。在与他们有限的交往过程中，朱生豪在职业认同上经历了由对图书编辑工作（编校型）的厌倦到认同图书编辑工作（创作型），再至将新闻编辑工作作为抗日宣传的方式，这离不开詹文浒的引导。

关键词： 朱生豪　交往生活　世界书局　詹文浒　中美日报

　　朱生豪（1912～1944年）是中国文学翻译史上一位伟大的翻译家，他是中国翻译莎士比亚作品较早的人之一，其散文化译文风格独具特色，为国内外莎士比亚研究者所公认。鲜为人知的是，在短暂的一生中，他曾在世界书局做过5年（1933～1939年，中间有过一年停顿）的英文图书编辑工作，而后在中美日报社做过两年有余（1939～1941年）的新闻编辑工作。

---

* 欧阳敏，文化传播学博士，出版发行学博士后，武汉大学新闻与传播学院讲师，研究方向：出版制度史。

据此来看，可以将朱生豪视为一位非典型的新闻出版从业人员。

在新闻史人物研究中，以"职业认同"为视角，能够与新闻史上的各个人物进行心灵与情感的对话，进而透视新闻与社会之间那种交互、交融的生动而复杂的景观①。也有研究认识到，交往生活（公共交往为主，私人交往为辅）对增强新闻从业人员的职业认同感、提升其专业精神及内化新闻职业理念等起着至关重要的作用②。朱生豪的性格极度内向，绝少与人交往。作为世界书局和《中美日报》的边缘人物，朱生豪对其职业的认同在很大程度上受到少数几位师友如陆高谊、詹文浒等人的影响，而自发因素显得较弱。鉴于此，本文通过考察朱生豪的交往生活对其职业认同的影响，旨在解决如下问题：作为近代中国新闻出版场域之单元的世界书局和中美日报社，对于朱生豪自身而言，究竟是一种生产性场域还是压抑性场域？

一 谋生之道：学缘关系对朱生豪编辑工作归属感的影响

1929 年，朱生豪入读沪江大学，1933 年夏毕业。在 20 世纪 30 年代，中国经济凋敝，大学生毕业即失业是当时较为普遍的情况。朱生豪刚毕业就能进入世界书局这家当时位列国内四大书局榜单的大企业工作，实属难得，他本人在写给恋人宋清如的信中曾对此表达过深感幸运之意。朱生豪自小父母双亡，求学的开销都是靠借贷，他因此欠下了一笔不小的债务，这些债务都需要他自己偿还。于朱生豪而言，有了世界书局这个平台，债务带来的压力无形中减轻了许多。

大学、社团和传媒机构（主要是报社和出版社）是近代中国知识分子安身立命的主要平台，他们的人际关系网络主要围绕这些平台而展开。这些机构大多集中分布在北京、上海、广州等城市。因此，近代中国知识分

① 樊亚平：《从历史贡献研究到职业认同研究——新闻史人物研究的一种新视角》，《国际新闻界》2009 年第 8 期，第 101 页。

② 罗映纯、林如鹏：《公共交往与民国报人群体的形成》，《新闻与传播研究》2012 年第 5 期，第 107 页。

子的人际关系网络带有鲜明的都市空间复合色，而学缘关系则是主要色彩。"传统的精英网络是以宗法血缘和地域关系为核心的。到了现代社会，由于原来的宗法家族系统的解体，精英的地域流动和社会流动加速，精英的关系网络认同转而以共同的教育为背景，特别是学校出身为中心。比较起同乡、同宗，校友更有一种内在的凝聚力，共同的师长、共享的校园文化和人格教育，使得校友之间有着更多的共同语言和感情认同。"① 这种学缘关系在近代上海出版企业的人员招聘中体现得较为明显。

近代上海出版企业招聘人才的方式主要有考试和熟人介绍两种方式，前者是制度化的方式，后者更多地体现了地缘、学缘等关系。较为普遍的情形是：高级人才如编辑的进用大多采取熟人介绍的方式；规模越小的出版企业越偏向采取熟人介绍的方式进用人才。商务印书馆编译所在全盛时期有编辑 300 余人，中华书局编辑所在全盛时期有编辑 120 余人，而全盛时期的世界书局编译所只有编辑 60 余人。揆诸人事招聘制度方面的史料，较之商务印书馆和中华书局，世界书局编辑所进用人才更加注重学缘关系。

1916 年，北京大学预科毕业生茅盾进入商务印书馆编译所工作，他从同事谢冠生口中得知：编译所中的国文部是"常州帮"的天下，而理化部则是"绍兴帮"的地盘②，这体现了地缘关系。在世界书局编译所，则存在着一个联系较为松散的"之江帮"，其体现的正是学缘关系。林汉达（1900～1972 年）、陆高谊（1899～1984 年）、胡山源（1897～1988 年）、朱生豪（1912～1944 年）是世界书局编辑群体中的代表性人物。林、陆、胡、朱均为之江大学的毕业生，陆高谊进世界书局之前是之江大学教务长，胡山源则是英文系教师，陆、胡二人虽未直接教过朱生豪，但亦可算是他的老师。林汉达于 1928 年进入世界书局，从普通英文编辑逐渐做到出版部部长，极受总经理沈知方倚重。1931 年，在林汉达的引荐下，胡山源进入

① 许纪霖等：《近代中国知识分子的公共交往（1895—1949）》，上海人民出版社，2008，第 11 页。
② 茅盾：《商务印书馆编译所和革新〈小说月报〉的前后》，《商务印书馆九十年》，商务印书馆，1987，第 146 页。

世界书局。同年，在胡山源的引荐下，陆高谊也进入了世界书局，他是以总经理秘书的身份进来的。1934 年，陆高谊继沈知方之后出任总经理。朱生豪于 1933 年夏进入世界书局，引荐人也是胡山源。除了林汉达与朱生豪无深交外，陆高谊、胡山源二人与朱生豪的关系均较为密切。

先来看朱生豪与陆高谊的交往。1933 年 7 月，朱生豪与陆高谊从嘉兴乘火车同赴上海世界书局任职。到上海后，朱生豪就寄住在平凉路平凉村 28 号的陆高谊家，一日三餐也随陆家人一起。这一住就是三年多，直到 1936 年 10 月，因中日关系日趋紧张，陆高谊一家搬到了租界，没有多余房间，朱生豪才搬出陆家。陆高谊既是朱生豪的前辈同学，又是他工作上的上司，更兼在同一个屋檐下朝夕相处三年有余，二人相知应该是很深的。在写给宋清如的书信中，朱生豪曾提及他与陆高谊的两次交谈，详见下文。

> 陆先生曾问起我最近从飞机上堕下跌死的滑稽电影明星 Will Rogens 的作风如何，他有什么片子到过上海，一下子我只能说他善于描述人情世故，以乡曲似的形式出现在银幕上，作品的名字一时记不起来，我还不曾看过他的片子。①

> 陆先生说邵先生和钟先生都名士气，我觉得邵先生即使算得是名士也是臭名士，其行径纯乎"海派"，要从他身上找到一点情操是不可能的。钟先生太是个迂腐，但不失为真道学，不过有点学者的狷傲，人是很真诚不虚伪，二人不可同日而语。至如夏先生则比我们天真得多，这种人一辈子不会懂得事故。②

第二则事例中的钟先生和夏先生分别是指钟泰（1888～1979 年）和夏承焘（1900～1986 年），此二人均是之江大学的教师，陆高谊曾与二人共事多年，而钟泰、夏承焘二人都曾教过朱生豪。可见陆高谊、朱生豪二人的

---

① 宋清如：《寄在信封里的灵魂——朱生豪书信集》，东方出版社，1995，第 281 页。
② 朱生豪：《朱生豪情书》，上海社会科学院出版社，2003，第 267 页。

交际圈存在一些以学缘为基础的交集，只是陆高谊推崇钟泰，而朱生豪则更敬重夏承焘，其中缘由无外乎人以群分。上述两则交谈事例的场合应该是在陆高谊家的餐桌旁，在三年多的朝夕相处中，他们之间的餐桌聊天应该还有很多次。可惜陆高谊身后并没有留下日记或文集，后人无从得知此中情形。但是，从相关史料中可以发现，陆高谊对朱生豪是关照有加的。朱生豪能够全职翻译莎士比亚的戏剧作品，陆高谊是有一定功劳的，此事在后文关于朱生豪的经济生活部分中会有详细论述。

再来看朱生豪与胡山源的交往。搬出陆高谊家后，朱生豪先是在胡山源家暂住了一阵子，随后在胡山源家附近租了间房，并在胡山源家搭伙近一年。朱生豪对胡山源的印象不错，在 1936 年 10 月写给宋清如的一封信中，朱生豪曾提及胡山源"人也很好"[①]。前文提及，朱生豪是由胡山源介绍进世界书局的，胡山源在一篇悼念朱生豪的文章中曾提及此段往事，并回忆了与朱生豪相处的情形。

> 朱君在大学一毕业，就由我的介绍进入世界书局编译所英文部任职。这实在比了一般大学生为幸运，因为他即毕业即得业，而所业又正是他所乐为的文学工作。他的工作是出色的，因为他的中文和英文，非但都在他的同班之上，也远胜于一般文艺青年。我很高兴，有他这样一个人，为母校生色，为文学工作添人才，为我个人增加同志。有一时期，他寄膳在我家中，因此每天，几乎所有白昼的时间，我都和他在一起。

> 可是他太沉默了，沉默到使人不太易相信的地步。在编译所中，四五年来，我没有听见他说过十句话。有谁和他说话，他总以微笑报之，不是不发一言，便只一二个字最简单的答语。有一次，他身体不舒适，也不作声，成了病，也不告诉我们，只恹恹地睡在另外借居的房屋里不出来。我妻前去探探，发觉他形势的严重，连忙为他找医生

---

① 宋清如：《寄在信封里的灵魂——朱生豪书信集》，东方出版社，1995，第 368 页。

来看，果然是我们预料的猩红热，连忙将他送医院，在那里住了几星期，方才回来。在这样紧张之下，他也没有说一句懊丧的话，甚至连痛苦的呻吟也没有，只默默地听由我们的安排。他到了心的沉默的地步。①

1936 年 12 月，朱生豪在翻译莎士比亚喜剧《威尼斯商人》的过程中患了猩红热，幸亏胡山源夫妇及时发现并为之张罗就医，朱生豪才得以无恙。由此观之，胡山源显然当得起朱生豪对他"人也很好"的评价。此外，胡山源在引文中提到"所业又正是他所乐为的文学工作"，其实并非如此。1933 年 7 月，朱生豪进世界书局时所做的工作是参编《英汉四用辞典》，这一工作持续了近三年。除了刚开始时的兴奋和新鲜感，在剩下的大部分时间里，朱生豪对这项旷日持久的编辑工作远远谈不上喜欢，反而更多的是厌倦甚或厌恶。

二 赞助人视角下的职业认同变迁

"赞助者指能够推动或妨碍文学作品的阅读、创作或重写的个人或机构，可以是个人，也可以是宗教团体、政党、阶级、宫廷、出版社、大众传媒等。"②"赞助"的方式多种多样，既可以是物质酬劳，也可以是精神鼓励，多数时候是两者兼有。

在中外出版史上，流传着许多关于赞助人与作者亲密关系的佳话，一个例证是近代英国出版人 John Murray（1778～1843 年）从精神和经济上慷慨地赞助当时的无名青年 Byron（1788～1824 年），并于 1812 年出版了 Byron 的 *Childe Harold's Pilgrimage* 的前两章，凭借此书，Byron 一夜成名，而

---

① 胡山源：《文人综论》，大东书局，1948，第 109～110 页。
② 贺显斌：《赞助者影响与两位莎剧译者的文化取向》，《四川外语学院学报》2005 年第 6 期，第 115 页。

John Murray 也成为世人眼中的绅士出版人。① Byron 在短暂的一生中，为世人留下了众多光辉的诗作，这些诗作大多交由 John Murray 出版，Murray 为这些诗作前后向 Byron 大约支付了 2 万英镑稿费。在 19 世纪上半叶的英国，这个数目是相当巨大的，须知同时期小说《简·爱》中的主人公简·爱，她在桑费尔德庄园当全职家庭教师的年薪才 20 英镑。Byron 在经济上有赖这笔巨额稿费，才得以自由徜徉诗海并参加希腊民族解放运动。

切入正题，从赞助人视角考察朱生豪译莎的缘起，在很大程度上要归功于詹文浒的引导，于朱生豪而言，詹文浒是名副其实的赞助人，他的赞助既体现在经济方面，更体现在精神鼓励方面。

（一）对创作型编辑的认同：受詹文浒鼓励而翻译莎士比亚戏剧集

编辑有多种类型，当代的主要类型是文字编辑和策划编辑；近代的编辑类型则大致可以分为职业编辑和创作型编辑。近代中国出版企业编辑制度的主要特征为编、著一体。所谓编、著一体，是指编辑的职责既包括选题、组稿、文章加工等职业化程序，也包括编撰教科书、编纂工具书、翻译外国书籍甚至从事文学创作。商务印书馆②、中华书局、世界书局、大东书局等近代大型出版企业的编辑制度莫不如此，创作性的工作在编辑工作中占据着相当大的比重。

朱生豪在世界书局的主要工作是编纂英文词典及翻译英文通俗读物，但是在经过了初期的新鲜感后，他对这类工作丝毫提不起兴趣，甚至厌恶，主要原因在于此类工作限制了个人意义的生产。对于朱生豪而言，世界书局已然成为个人的压制性场域，他也因此而多次萌生去意。詹文浒及时察觉了他的此种心态，并鼓励他翻译莎士比亚戏剧集，进而以世界书局的名义与朱生豪签订译莎合同，使朱生豪在世界书局的工作由先前的编纂工具

---

① John Murray, *A Gentleman Publisher*, London, John Murray（Publishers）Ltd, 1996: head page.

② 商务印书馆在 1921 年王云五主持编译所事务后，编辑制度渐生变革，由编、著一体向编、著分离过渡。

书转为文学翻译。

正是由于詹文浒的影响，朱生豪对图书编辑工作（创作型）开始产生认同，对他而言，世界书局由此从压抑性场域转为生产性场域。

詹文浒（1905~1973年）毕业于上海光华大学，后任教于之江大学附属学校——秀州中学（朱生豪的高中母校），他与朱生豪的关系极为亲密。詹文浒进入世界书局应当是在1932年到1933年之间，由于他的个人才华比较突出，学历又高，进入书局不久便被擢升为英文部主任。詹文浒在世界书局期间最主要的事迹是主持编纂《英汉四用辞典》，此项工程耗时三年有余，参与者有二十余人，朱生豪是主要参编人员。在朝夕相处的过程中，詹文浒发现这个年轻的伙伴如此酷爱诗歌，具有卓越的诗歌才华；同时也察觉到朱生豪虽然在编纂工作上十分出色，但是对于这种缺少创造性的工作深感苦闷。于是，詹文浒便劝朱生豪从事莎剧全集的翻译工作，这是1935年春的事。朱生豪在1944年写的莎剧全集的《译者自序》中说："廿四年（按指1935年）春，得前辈詹文浒之鼓励，始着手为翻译全集之尝试。"1935年被称为上海出版界的"翻译年"，当时沪上的大小书局竞相出版翻译类书籍，最具代表性的就是茅盾主编的《世界文库》（1935年起由生活书店陆续出版）。正是在这样的背景下，詹文浒鼓励朱生豪翻译莎士比亚全集。

翻译莎士比亚全集是一项浩大的工程，若缺少机构或个人的赞助，译者想要以一己之力完成此项工作将极为艰困。早在1930年，胡适上任中华教育文化基金会编译委员会的主任委员时，就商请闻一多、梁实秋、陈通伯、叶公超、徐志摩五人组成莎翁全集翻译委员会，预定5年完成全集翻译工作，稿酬优厚，并可按月预支。怎奈事与愿违，陈通伯不肯参加，徐志摩于1931年不幸遭遇空难，而叶公超和闻一多均志不在此，只剩了梁实秋一人坚守。[①] 此后梁实秋开启了长达30余年的译莎历程，可以说，若无胡适和中华教育文化基金会的长久赞助，梁实秋恐怕难以完成此项艰巨而浩

---

① 梁实秋：《关于莎士比亚的翻译》，《翻译论集》，生活·读书·新知三联书店，1981，第347~348页。

大的工程。

与之相对比，朱生豪翻译莎剧时的赞助人实力是远远不如梁实秋的：詹文浒在文化界的影响力远不如胡适；而世界书局作为追求盈利的企业，在对译莎事业的支持力度上也远不如公益性质的中华教育文化基金会。许国璋在《梁实秋谈莎士比亚翻译》的按语中说："梁也提到了朱生豪所译莎剧 27 种。我们追忆往昔，对比梁朱境遇，后者既缺图书，又无稿费可言，以一人之力，在不长的时间里完此译事，是由于什么动力？我想，首要的是天才的驱使。"[①] 许国璋先生的这段话一语中的，不过有一处与史实有出入，朱生豪翻译莎士比亚戏剧是有稿费的，只是稿费比较微薄。晚年的胡适曾与秘书胡颂平谈起过朱生豪，对于中华教育文化基金会当年无缘赞助朱生豪从事莎剧翻译，他心中是有遗憾的。[②]

作为赞助人的詹文浒，他对朱生豪的赞助主要体现在精神鼓励方面。朱生豪写给宋清如的书信中，有许多封都是专门讲译莎的，遗憾的是这部分信件中的大多数毁于"文革"时期，我们也就无从得知更多关于詹文浒鼓励朱生豪从事莎剧翻译的细节。由于深知翻译莎士比亚全集是一项浩大的工程，1935 年春朱生豪在受到詹文浒的鼓励后，前后足足花了一年半的时间收集与莎剧有关的资料，直到 1936 年秋天才与世界书局签订译莎合同。"我们看到，自从译莎以后，朱生豪信中表现的精神面貌有了很大的变化，对译莎工作的津津乐道代替了对'孤独'、'寂寞'、'无聊'之类的抱怨，不但人不觉倦，甚至连臭虫、蚊子也'顾不上'了。"[③] 朱生豪精神面貌得以改变，引路人詹文浒功不可没。

（二）对新闻编辑工作的饱满热情：由詹文浒延揽进入中美日报社

1936 年 8 月，第一部译著《暴风雨》脱稿，尝试成功，朱生豪信心倍

---

① 柯飞整理：《梁实秋谈翻译莎士比亚》，《外语教学与研究》1988 年第 1 期，第 46 页。
② 罗尔纲：《师门五年记胡适琐记》，生活·读书·新知三联书店，2006，第 221 页。
③ 朱生豪：《朱生豪情书》，上海社会科学院出版社，2003，第 222 页。

增，他设想在两年内完成莎士比亚全集的翻译。可是时局变化迅速，不到一年，抗日战争全面爆发，朱生豪回乡避难，直到 1938 年下半年才重返上海，继续在世界书局任职。而詹文浒于 1936 年下半年从世界书局辞职，赴美国留学，次年学成归国，不久与国民党 CC 系接触。1939 年，经国民党上海市党部要员吴任沧（1903～1948 年）介绍，詹文浒加入国民党，并于是年 9 月出任国民党 CC 系所办《中美日报》的总编辑。① 赴任前夕，詹文浒再三邀请朱生豪同去《中美日报》任职，朱生豪为他的诚意所打动，遂辞去世界书局的职务，到《中美日报》任编辑，但与世界书局签订的译莎合同仍然有效。

朱生豪之所以辞去世界书局的编辑职务，转到《中美日报》任编辑，除了深感詹文浒的厚爱，还有一个重要原因应该就是"怀着满腔爱国热情，为能直接参加抗日战线的行列而高兴"。② 换言之，在当时的情境下，较之图书编辑，他对报纸编辑更具职业认同感。朱生豪在《中美日报》工作了两年有余，直到 1941 年 12 月太平洋战争爆发，日军进占租界，《中美日报》解散。在这两年多的时间里，朱生豪的地位比较特殊，他的实际工作是总编辑詹文浒的秘书兼专栏撰稿人，他与詹文浒在抗日宣传上并肩作战，彼此是亲密战友。朱生豪在《中美日报》工作时与范泉（1916～2006 年）交往甚密，范泉曾回忆当时朱生豪忙碌的工作情景。

　　朱生豪在《中美日报》的职务，始终没有明确宣布。他在总编室门外的一张双人写字台上工作，经常接受总编詹文浒交给他审阅的文稿，只见他在文稿上埋头认真阅读，有时用红笔修改，然后送进总编室。出来时又带了第二篇文稿，继续埋头审阅，推敲修改。他不是社论委员，不写社论。我估计他是在帮助詹文浒审改社论一类的文章。后来又增加任务，安排他写"小言"。因为他沉默寡言，一直埋头工

① 吴洁敏、朱宏达：《朱生豪传》，上海外语教育出版社，1990，第 125 页。
② 宋清如：《朱生豪的一生》，《浙江文史集萃　第 6 辑　文化艺术卷》，浙江省政协文史资料委员会编，浙江人民出版社，1996，第 413 页。

作，与编辑部其他同事虽共处一室，却很少交谈。从工作现象看，他似乎是詹文浒的秘书，做着总编助理一类的工作……我回想到他经常向国内版编辑鲍维翰查看电讯稿的事，凭我个人推测，他的工作可能是国内新闻版编辑。此后我看到袁义勤写的一份史料，在《中美日报》编辑部名单中没有他的名字，又联系到他与詹文浒的特殊关系，这才使我肯定：他是实际上做了没有名义的詹文浒秘书或总编助理的工作。①

若从职业认同的角度来看，朱生豪对图书（主要是编纂《英汉四用辞典》）编辑工作是缺乏认同感的，而对报纸编辑工作则有较高的认同感。虽然他能够胜任世界书局编纂《英汉四用辞典》的工作，但是他对这种缺乏创造性的工作极为不满。在编纂辞典期间，他曾写信向宋清如诉苦："心里烦躁起来，想要咆哮，这种生活死人才过得惯，一切的无意义是无意义到透顶……活着总得飞、总得鸣，不飞不鸣，与死何异。"② "鸣"与"飞"需要依托具体的事业，编纂辞典显然不是。在詹文浒的赞助下，朱生豪找到了两项属于自己的事业：一是翻译莎士比亚全集，二是在《中美日报》负责为"小言"专栏撰稿。

"小言"是《中美日报》国内新闻版上的一个小栏目，文体类似社论，篇幅不长，一般每篇在三四百字，少则只有数十字。朱生豪在两年多的时间里，以"小言"为总题，写了多达1081篇、共计40余万字的新闻随笔。③ 詹文浒特地安排朱生豪负责撰写"小言"栏目文章这件事，亦可证明詹文浒确实是朱生豪的知音：他深知朱生豪的精神极度苦闷，亦深知他于文字与思想表达方面有过人之处。不同于文学创作，撰写"小言"文章要遵循大众宣传方面的规律以及国民党的意识形态框架。1938年，亦即进入中美日报社的前一年，朱生豪曾对"文学救国"发表过自己的看法，其中

---

① 范泉：《朱生豪的"小言"创作》，《朱生豪小言集》，商务印书馆，2016，第587～588页。
② 宋清如：《寄在信封里的灵魂——朱生豪书信集》，东方出版社，1995，第143页。
③ 范泉：《朱生豪的"小言"创作》，《朱生豪小言集》，商务印书馆，2016，第580页。

就涉及文学与宣传。

> 有的人主张"文学武器论"，有的人主张"文学无用论"，我自己是略为倾向于后一种说法的。譬如说，救国之道多矣，然而以文学救国这句话总有些说不出口来。也有人说一切文学皆宣传，这话近乎武断，固然一部分文学作品自有其宣传的价值，但宣传只是它的附带的作用。好的文学不一定产生大的宣传效果，而一篇平庸的作品却可以因为适中读者的心理而成为成功的宣传。[1]

可知，朱生豪对于文学和新闻宣传的作用是比较了解的。朱生豪之所以踌躇满志地到中美日报社任职，是因为他意识到报社相较于出版社在大众宣传方面具有更为直接的效果。在撰写"小言"的过程中，他十分讲究写作技巧，总是能巧妙地将文学性融于宣传作品之中，以期切中读者心理。范泉认为朱生豪所写的"小言"文章，"深刻揭露了日伪及德意法西斯的滔天罪行，热情鼓舞了'孤岛'乃至广大沦陷区人民的团结战斗。从艺术方法看，有相当一部分仍然反映了作者深厚的文学功底，调动了他艺术创造的积极性，流露出他高超的思想境界，在'社论腔'的缝隙中迸发出令人感奋的艺术闪光"。[2]确实如此，如果我们对《朱生豪小言集》进行文本细读，就会发现，朱生豪深厚的文学造诣在文本中体现得淋漓尽致：《太平洋上的插曲》（1940年10月10日），系用戏剧台词的形式写成；《雅典颂》（1941年4月27日），系用诗歌的形式写成；《奇境中的爱丽丝》（1941年3月27日），系化用1933年Norman Z. McLeod执导的电影《爱丽丝梦游仙境》中的意象以辛辣讽刺日伪。凡此种种，不胜枚举。试看《雅典颂》中的文辞，寓诗性于战斗性之中。

> 黑云堆压在雅典城上，

---

① 朱生豪：《做诗与读诗》，《青年周报》1938年第14期，第6页。
② 范泉：《朱生豪的"小言"创作》，《朱生豪小言集》，商务印书馆，2016，第581页。

　　侵略者的炮火震撼大地；

　　悲愤的紧张充满着雅典人的心，

　　但他们有的是永不消灭的勇气。

　　……

　　也许在明天，也许在下一点钟，

　　这美好的古城将套上枷锁；

　　但这是一个永不失去勇气的民族，

　　他们说，"同志，我们不久将再相见！"

　　从互文性理论来看，朱生豪在中美日报社的工作经历本身就是社会文本，这必然会对他翻译莎士比亚戏剧产生影响，其互文性主要体现为爱国主义思想贯穿于他的编辑活动与翻译活动。[1] 在这段时期，由于改稿、撰稿任务繁重，朱生豪只能抽空进行翻译，"有一部分就是他关在中美日报馆内译成的"。[2] 詹文浒在政治意识形态浓厚的报社内，也尽可能地为朱生豪提供较为宽松的工作环境，从来不发展朱生豪参加国民党的各类党团组织，而是以学者的态度对待这位才华横溢又个性极度内向的亲密伙伴。

三　结语

　　朱生豪以翻译家的身份为世人所知，他的图书编辑身份和新闻编辑身份则鲜少有人知道。自 1933 年夏进入世界书局后的一年多时间里，他的精神极为苦闷，对图书编辑工作（编校型）极为厌倦甚至厌恶，多次萌生去意。原因在于朱生豪有着非常强烈的意义表达欲望：在大学时代，与诗社同人唱和是朱生豪日常性的意义表达方式；而进入世界书局后，编纂工具书成为他日常生活的主要内容，个人意义的表达受到抑制。

---

[1] Tonglin Lu. , Zhu Shenghao: Shakespeare Translator and a Shakespearean Tragic Hero in Wartime China, *Comparative Literature Studies*, 2012 (04), p. 529.

[2] 袁义勤：《〈中美日报〉始末》，《新闻研究资料》1989 年第 3 期，第 155 页。

朱生豪的性格极为内向孤僻，他的日常交际圈子非常狭窄，仅限于恋人宋清如，师友陆高谊、詹文浒等极少数人。他进入世界书局工作，便是昔日的老师陆高谊推荐的。他对图书编辑工作（创作型）萌生兴趣，也是昔日老师詹文浒引导的；而他在1939年转入新闻业，以饱满的热情投入新闻编辑工作，引路人同样是詹文浒。

揆诸史料，朱生豪在职业认同上经历了由对图书编辑工作（编校型）的厌倦到认同图书编辑工作（创作型），再至将新闻编辑工作作为抗日宣传的方式，这离不开詹文浒的引导。世界书局曾经是朱生豪表达建构自身意义的压抑性场域，在朱生豪与世界书局签订了译莎合同后，世界书局则从压抑性场域转为生产性场域；而《中美日报》则一直是朱生豪建构自身意义的生产性场域。这便是朱生豪职业认同变迁背后的逻辑。

Contents

Innovation of Current Political News Reports in

the Era of Integrated Media

——Practice and Exploration of the Original Feature Brand

Eye of Current Political News of China Media Group

Gong Xuehui / 001

Abstract: With the advent of integrated media age, it hasalways attracted worldwide attention that in what form and perspective to spread the thoughts and activities of the top leader of China on the Internet. Since July 2018, China Media Group has launched an original feature brand *Eye of Current Political News*, which opened a unique window. Till now 105 news works have also become a valuable sample for researches on the innovation of China's current political news reports. This article tries to expound the ins and outs of *Eye of Current Political News* from itscreation environment and development process. Relying on the 105 works, the research use the method of "Dissecting Sparrow" to analyze its content forms and outstanding characteristics, and sort out its innovation points, in order to providereferences and inspirations for the innovation of current political news reports and political communication.

Keywords: China Media Group; Current Political News Reports; Integrated Communication; Innovation; New Media Brand

Research on the Current Transformation of China's Provincial Media Convergence: Takes Hubei Province as One Example

Xiao Jun, Hu Wentao, Wei Xiaowan / 027

Abstract: Media convergence development is a significant and profound change in the field of media and it'also a new topic. In this paper, the researchers investigated two provincial-level media in Hubei province, through semi-structured interviews and case analysis, it's found that Hubei Daily has formed a small internal omnimedia form by establishing a convergence media center. "Yangtze cloud" has combined news, government affairs and services to build a new media platform with mobile government affairs, and it's innovating the "live-broadcasting + business" model to improve its profitability. This study shows that the convergence and transformation of provincial-level media is still faced a series of problems, such as the competition for capital, technology and talent, too many constraints on the systems of media, the communication effect doesn't match the market size, the media itself lacks of profitability. The media urgently needs to break down the institutional barriers of fragmentation from the aspects of internal system reform, talent optimization allocation and comprehensive mobility, activate the platform benefits of regional media, and comprehensively enhance the four forces by rebuilding social connections.

Keywords: Media Convergence; *Hubei Daily*; Project System; "Changjiang Yun"; "Live Broadcasting + Business"

"Light Assets, Heavy Functions": Exploration on the Construction Mode of County-level Fusion Media Centers in Central and Western China

——Take the Construction of Fusion Media Center in Chibi, Hubei Province as an Example

Zhang Xuelin　/ 044

Abstract: The ultimate goal of county-level media center construction is to "guide the masses and serve the masses" rather than simple physical presentations such as "big screen, large plane, large institutions, and large technologies". Based on qualitative research methods such as in-depth interviews and participatory observations, the study found that the "light assets and heavy functions" model explored by the Fusion media center in Chibi, Hubei Province, used less capital to achieve the construction of a technical skeleton suitable for the needs. At the same time, it reformed the system and mechanism, content production, organizational structure, process reengineering and industrial business model, activated the function of network politics, and began to transform from simple "physical addition" to "substantial integration". The exploration of the "light assets and heavy functions" model in Chibi City has reference value for the construction of county-level fusion media centers in the central and western regions.

Keywords: County-level Fusion Media Center; Media Fusion; the Central Kitchen; Technology

Usage Reports on "Viewable for Last 3 Days" of WeChat
Moments: Combating the Negative Use of Social Media

Zhou Liling, Dai Yijia / 057

Abstract: A qualitative study was conducted to explore the use and effects of "Viewable for Last 3 days" of WeChat Moments, a coping approach to the negative use of social media. 27 in-depth interviews were conducted to collect data. Three benefits of "Viewable for Last 3 days" of WeChat Moments were discussed, keeping from inappropriate prying eyes, gaining the initiative in personal image management and social interactions, and privatising the digital memory rather than sharing, which effectively eliminated the psychological and behavioral obstacles regarding the Moments use. The creative values and potential limitations of "Viewable for Last 3 days" were offered.

Keywords: WeChat Moments; "Viewable for Last 3 Days"; Negative Use of Social Media; Personalization

The Production and Dissemination of the Guyu Studio of
Tencent News's Non-fictional Content under the Logic of New Media

Wang Bo, Wang Shiyu, Song Xiaoxiao, Li Jia, Liu Xinyu /077

Abstract: This paper reviews the specific practices of the Guyu Studio of Tencent News in the production and dissemination of non-fiction works, as well as the thinking of the "Guyu" team after in-depth communication with the industry. As one of the most important platforms in China's non-fiction writing industry, Guyu's writers, editors and partners'experience and problems in their daily operation will be systematically summarized and reflected in this paper. We hope that the summary of these experiences and problems can be of some help to the academic circle and the industry in studying and promoting the development of Chinese Non-fiction, and we also hope that the daily practice of "Guyu" can obtain more theoretical support from the academic circle.

Keywords: Non-fiction; Production; Communication

Communication Innovation Mechanism for Mainstream Media to Fulfill Social Responsibility in the Era of Omnimedia

Li Li, Chen Xiangying, Zhang Hualin / 099

Abstract: In the process of retrospective depicting the communication innovation of media social responsibility, this paper mainly analyzes two kinds of empirical materials of 42 reports on media social responsibility from 11 mainstream media: one is to define and discuss "what is media social responsibility"; The second is the practice of media innovation centering on "social responsibility of media". This paper attempts to answer the question: in the age of omnimedia, how can the media innovatively fulfill the social responsibility of media communication practice? This paper will adopt a clear set of qualitative comparative analysis method (cs-QCA) qualitative empirical research, from the evaluation main body, index system of quantitative standard and the evaluation scope, evaluation results and so on study of the mainstream media social responsibility how to implement the cause of innovative communication practice, as well as the interactive relationship between innovation factors, possibility condition combination, and how to through the genetic combination stimulate the innovation of the media social responsibility practice. Through the innovation reform of China's mainstream media industry, we fully advocate and regulate the communication practice of social responsibility. On the one hand, we rely on artificial measures such as news ideal and system mechanism; on the other hand, we start from the logic of technology, the silent and compulsory evolution of strict scientific and technological procedures, and abandon the thorough reform of interest entanglement.

Keywords: Social Responsibility of Media; Institutional Coupling; Communication Innovation Practice; Crisp Set Qualitative Comparative Analysis

Attempts and Thoughts on the Transition from Market-oriented Paper Media to New Contents

Liu Chunyan, Wang Yi / 129

Absrtact: In the environment of paper media transforming to new media, market-oriented media with more sensitive market sense may have more representative transformation process. Subversive changes have taken place in their content production methods, expression forms, communication channels and business models.

The Boya World Media, which I work for, is highly in line with the market and has a certain representativeness in the process of transformation. Starting from the three magazines of People, Economic Weekly and Blog World, more than 10 new media products have been hatched. Among them, People, Daily People, AI Economic, News Seeker and other new media brands in the city have become the head content producers in related fields. The author hopes to be able to describe the process of market-oriented paper media transforming into new media, new content and new business from a personal perspective.

Technology has broken the monopoly of traditional media on information dissemination channels. The production and dissemination of information has changed from artery to capillary, and everyone can participate in it. The scope of new content transformation goes far beyond the new media, which subverts the production, dissemination, evaluation system and business model of the media. But the era of hundred flowers bloom is also an era of high quality content scarcity.

Keywords: Traditional Market-oriented Paper Media; New Media; New Content; Transformation

The Second Half of the Short Video: Opportunities and Challenges

Cui Yongpeng, Zhu Jie / 144

Abstract: In recent years, short video has become a hot industry concerned by all walks of life. Short video related practice and research have also seen blowout growth. This paper combs the development status of short video industry in 2018 by literature, interviews and desktop research. It holds that short video development has entered the "second half" and summarizes the "second half" of short video on the basis of combing the relevant concepts of the "second half" of short video. The basic characteristics are as followed: from the perspective of content production, distribution and industry development, there are diversified creative subjects, from UGC and PGC to MCN; content distribution platform, echelon formation; content production quality, high-quality content emerges constantly; capital investment rationalization, most of which are in the early stage; strict supervision normalization, basic formation of industry ecology and so on. It is believed that the second half of short video has a large scale of users and huge vertical market potential; technological innovation plays an important role in the development of the second half of short video; short video will continue to play an important role in the field of news and information; micro-variety and micro-drama will become a new track in the second half of short video; the influence of mainstream media and mainstream public opinion will continue to expand and other development opportunities. At the same time, the development of the second half of short video still faces many challenges, such as high quality content production, copyright protection, supervision, profit model and so on.

Keywords: Short Video; Second Half; Content Production; Supervision

An Analysis of the Contents of Hubei-related Reports in the Mainstream British and American Mainstream Media

Xu Tongqian, Yang Zhangruoran / 159

Abstract: In the context of cross-border and cross-cultural communication, the formation of regional image is greatly influenced by the media mimetic environment. This study focuses on the external image and communication of Hubei Province, aiming to provide decision-making reference for the external communication of Hubei Province, to create a good international public opinion environment for promoting the development of the Yangtze River Economic Belt in Hubei Province, and to provide reference for the image shaping and communication of other regions. This paper focuses on the international mainstream media, chooses four British and American mainstream media, and studies the "reports concerning Hubei" in five years. Through content analysis and text analysis, it summarizes and analyses the current external communication image of Hubei Province, objectively presents the "other-shaped image" of Hubei Province in the mainstream media of Britain and the United States, and then puts forward Hubei Province. The strategic suggestions on the external communication of the regional image of Hubei Province provide ideas and suggestions for the further development of the external communication of Hubei Province in the future.

Keywords: Regional Image; External Communication; Hubei Image; British and American Mainstream Media; International Social Media

From the World Book Company to the *Sino-America Daily*:
the Influence of Zhu Shenghao's Communication Life on His
Professional Identity

Ouyang Min / 184

Abstract: Zhu Shenghao is famous for translating Shakespeare's plays, and his translations can be regarded as classics. Zhu Shenghao's life was not long. The World Book Company and *Sino-America Daily* were his main professional platforms where he once translated the plays. His character was extremely introverted, and his contacts were limited to Lu Gaoyi, Zhan Wenhu and a few people who have academic or geographical relations with him. In the process of limited communication with them, Zhu Shenghao experienced from boredom of book editing work (editing type) to recognition of book editing work (creative type) in his professional identity, and then to using news editing work as a position of anti-Japanese propaganda, which could not be separated from the guidance of Zhan Wenhu.

Keywords: Zhu Shenghao; Communication Life; the World Book Company; Zhan Wenhu; *Sino-America Daily*

图书在版编目（CIP）数据

中国媒体发展研究报告. 总第 18 辑 / 单波主编. --
北京：社会科学文献出版社，2020.4
ISBN 978 - 7 - 5201 - 6261 - 6

Ⅰ.①中…　Ⅱ.①单…　Ⅲ.①传播媒介 - 发展 - 研究
报告 - 中国　Ⅳ.①G219.2

中国版本图书馆 CIP 数据核字（2020）第 028687 号

中国媒体发展研究报告（总第 18 辑）

主　　编／单　波
执行主编／甘丽华　吴世文

出 版 人／谢寿光
组稿编辑／祝得彬
责任编辑／葛　军

出　　版／社会科学文献出版社·当代世界出版分社（010）59367004
　　　　　　地址：北京市北三环中路甲 29 号院华龙大厦　邮编：100029
　　　　　　网址：www.ssap.com.cn
发　　行／市场营销中心（010）59367081　59367083
印　　装／三河市龙林印务有限公司

规　　格／开本：787mm × 1092mm　1/16
　　　　　　印张：13.75　字数：202 千字
版　　次／2020 年 4 月第 1 版　2020 年 4 月第 1 次印刷
书　　号／ISBN 978 - 7 - 5201 - 6261 - 6
定　　价／88.00 元